AFRICA'S LONG ROAD TO RIGHTS

Reflections on the 20th anniversary of the
African Commission on Human and Peoples' Rights

LONG TRAJET DE L'AFRIQUE VERS LES DROITS

Réflexions lors du 20ème anniversaire de la Commission
Africaine des Droits de l'Homme et des Peuples

Fahamu Books

Hakima Abbas (ed) (2008) *Africa's Long Road to Rights: Reflections on the 20th Anniversary of the African Commission on Human and Peoples' Rights / Long Trajet de l'Afrique vers les Droits: Réflexions lors du 20ème Anniversaire de la Commission Africaine des Droits de l'Homme et des Peuples.* Nairobi and Oxford: Fahamu. ISBN: 978-1-906387-25-9

Patrick Burnett & Firoze Manji (eds) (2007) *From the Slave Trade to 'Free' Trade: How Trade Undermines Democracy and Justice in Africa.* Oxford: Fahamu. ISBN: 978-0-9545637-1-4

Issa Shivji (2007) *Silences in NGO Discourse: The Role and Future of NGOs in Africa.* Oxford: Fahamu. ISBN: 978-0-9545637-5-2

Firoze Manji & Stephen Marks (eds) (2007) *African Perspectives on China in Africa.* Nairobi and Oxford: Fahamu. ISBN: 978-0-9545637-3-8

Patrick Burnett, Shereen Karmali & Firoze Manji (eds) (2007) *Grace, Tenacity and Eloquence: The Struggle for Women's Rights in Africa.* Nairobi and Oxford: Fahamu & Solidarity for African Women's Rights coalition (SOAWR). ISBN: 978-0-9545637-2-1

Roselynn Musa, Faiza Jama Mohammed & Firoze Manji (eds) (2006) *Breathing Life into the African Union Protocol on Women's Rights in Africa.* Oxford, Nairobi & Addis Ababa: Fahamu, SOAWR & the African Union Commission Directorate of Women, Gender and Development. ISBN: 978-1-9-4855-66-8

Roselynn Musa, Faiza Jama Mohammed & Firoze Manji (eds) (2006) *Vulgarisation du protocole de l'union africaine sur les droits des femmes en Afrique.* Oxford, Nairobi & Addis Ababa: Fahamu, SOAWR & the African Union Commission Directorate of Women, Gender and Development. ISBN: 978-1-904855-68-2

Firoze Manji & Patrick Burnett (eds) (2005) *African Voices on Development and Social Justice: Editorials from Pambazuka News 2004.* Dar es Salaam: Mkuki na Nyota Publishers. ISBN: 978-9-987417-35-3

AFRICA'S LONG ROAD TO RIGHTS

Reflections on the 20th anniversary of the
African Commission on Human and Peoples' Rights

LONG TRAJET DE L'AFRIQUE VERS LES DROITS

Réflexions lors du 20ème anniversaire de la Commission
Africaine des Droits de l'Homme et des Peuples

EDITED BY HAKIMA ABBAS

fahamu

PAMBAZUKA

First published 2007 by Fahamu – Networks for Social Justice
Second edition 2008
Nairobi and Oxford
www.fahamu.org
www.pambazuka.org
www.aumonitor.org

Fahamu, 2nd floor, 51 Cornmarket Street, Oxford OX1 3HA, UK
Fahamu Kenya, PO Box 47158, 00100 GPO, Nairobi, Kenya

British Library Cataloguing in Publication Data
A catalogue record for this book is available from the British Library

ISBN: 978-1-906387-25-9

Cover illustration and design: Judith Charlton, Fahamu
The design is based upon the Adinkra symbol 'Nkyinkyim', or 'Twisting',
a symbol of initiative, dynamism and versatility.

Manufactured on demand by Lightning Source

CONTENTS

The French text begins on page 83

PREFACE
MARKING THE 20TH ANNIVERSARY OF THE AFRICAN COMMISSION

FIROZE MANJI

The year 2007 marked the 21st anniversary of the entry into force, in October 1986, of the African Charter on Human and Peoples' Rights – adopted on 27 June 1981 in Nairobi, Kenya by the Organisation of African Unity (OAU), predecessor to the African Union. The charter is hailed by some for its recognition of the indivisibility of civil and political rights, and economic, social and cultural rights – making it distinct from other international human rights treaties – and for being the first human rights treaty to refer to the right to development. The 20th anniversary of the establishment of the African Commission on Human and Peoples' Rights should therefore be not only a moment for celebration, but also for reflection on the achievements as well as the limitations of the charter and its implementation.

Despite the rhetoric about the primacy of human rights, the African Commission on Human and Peoples' Rights has too often failed to deal effectively with gross human rights violations, including the genocide in Rwanda and widespread human rights violations in civil wars across the continent, leading to millions of lives lost in Sierra Leone, Liberia, the Democratic Republic of Congo, to say nothing about the escalating crisis in Darfur. Nevertheless, there is little doubt that it has made significant progress during the last 20 years despite the many obstacles it has faced, not least of which has been the lack of political will on the part of African states and the grossly inadequate resources it has available to carry out its work.

The essays in this book review the achievements of the commission since its establishment. In her introductory essay, Hakima Abbas provides an overview of the long road to human rights in Africa. Korir Sing'Oei Abraham considers the opposition to the adoption of rights for 'indigenous people', and Roselynn Musa celebrates the achievements in women's rights which have been driven by the organised African women's movement, while bemoaning the lack of political will of governments to ensure gender equality. Mireille Affa'a Mindzie focuses on the achievements in the rights of the child, but says that much more needs to be done to improve the participation of young people in development and peacebuilding. Hakima Abbas interviews Commissioner Bahame Tom Mukirya Nyanduga, Special Rapporteur on Refugees and Displaced Persons in Africa and Commissioner Faith Pansy Tlakula, Special Rapporteur on Freedom of Expression in Africa about the challenges they have faced. Finally, the case study of Zimbabwe, presented by Otto Saki, provides an example of the flaws and the achievements of Africa's own system for defending its citizens' human rights against attacks from their own governments.

The purpose of this book, which accompanies a special issue of Pambazuka News (see page 81) on the topic, is not only to mark the 20th anniversary, but also to popularise understanding of the work of the commission. Engagement by civil society organisations with the commission is vital if it is to be effective and if its power to contend with the culture of impunity is to be extended.

ABOUT THE CONTRIBUTORS

Hakima Abbas is a policy analyst with Fahamu's African Union Monitor.

Korir Sing'Oei Abraham is the co-founder and director of the Centre for Minority Rights Development (www.cemiride.info), based in Kenya and Zimbabwe. He is an international human rights lawyer and a Hubert Humphrey scholar at the University of Minnesota.

Firoze Manji is editor of Pambazuka News and director of Fahamu.

Mireille Affa'a Mindzie is senior project officer with the Centre for Conflict Resolution, Cape Town, South Africa.

Bahame Tom Mukirya Nyanduga is a commissioner of the African Commission on Human and People's Rights and the Special Rapporteur on Refugees and Displaced Persons in Africa.

Roselynn Musa is advocacy programme officer with the African Women's Development and Communication Network (FEMNET) in Kenya and has been involved with the Solidarity on African Women's Rights coalition.

Faith Pansy Tlakula is a commissioner of the African Commission on Human and Peoples' Rights and the Special Rapporteur on Freedom of Expression in Africa.

Otto Saki is the acting programmes coordinator and projects manager for international litigation and human rights defenders projects with Zimbabwe Lawyers for Human Rights and is currently pursuing an LLM in Law and Human Rights Research at Columbia University in New York.

ACKNOWLEDGEMENTS

This publication was made possible with the help of grants from the Open Society Institute and Oxfam GB. Thanks also to Jean Nepo Simbayobewe, Yves Niyiragira and Justin Pearce for their help.

AFRICA'S LONG ROAD
TO RIGHTS

HAKIMA ABBAS

While setting the scene with an account of how and why Africa has
developed its own system for protecting human and peoples' rights,
the author concludes that the success of the African Commission on
Human and Peoples' Rights, in spite of 'the seeming lack of political
will on the part of African states and governments to hold one another
accountable for violations of fundamental freedoms', lies primarily in
the distinctive engagement of civil society.

Since independence from colonialism, Africa has continued to bear witness
to gross violations of human rights: from the genocide in Rwanda, leading to
some 800,000 deaths in as little as 100 days, to the continued violence in the
DRC which has claimed more than 4 million lives, 1,000 people daily. The
continent is home to some 120,000 child soldiers – more than a third of the
global number. Africa has more internally displaced people than the rest of
the world combined, with over 13 million people forced to flee from their
homes and 3.5 million crossing international borders as refugees. The impact
of HIV/AIDS has devastated whole communities, while access to health and
information remains limited for some of the world's poorest people.

While the Charter of the Organisation of African Unity (OAU) recognised
and upheld the principles enshrined in the Charter of the United Nations and
the Universal Declaration of Human Rights (UDHR), the organisation was
firmly rooted in the doctrine of non-interference between states established
in the liberation era when unity and solidarity against colonialism were the
primary driving force for the institutionalisation of pan-Africanism. The
concepts of sovereignty and independence that made the OAU an effective
anti-colonial body were later used to stifle human rights protection by
implying political apathy toward the abuse by African states against their
own people.

1

Following the 1963 adoption of the charter of the OAU, African leaders were invited to study the possibility of adopting an African convention on human rights. At that time, states and other perpetrators of human rights abuses on the continent often used a cultural relativist argument to dispel criticism and resist change in policy and practice. Accusing human rights defenders abroad and nationally of 'neo-colonialism' and labelling the very concept of human rights as 'western values', they failed to acknowledge or be held accountable to African human rights principles and norms that had yet to be formally enshrined into a charter system. This was soon to change due, primarily, to the efforts of the Association of African Jurists.[1] As early as 1961, African jurists convened under the auspices of the International Commission of Jurists and formulated the concept of an African human rights charter and court. Yet, only in 1979, after repeated calls from these jurists, did the OAU under the leadership of Togolese Edem Kodjo finally address the issue of human rights and make clear their relationship with African development. By the end of the same year, a committee of experts met in Dakar, under the direction of the OAU, to draft a charter on human rights. The African Charter on Human and Peoples' Rights was finally adopted in Nairobi, Kenya, in July 1981.

> Freedom, equality, justice and dignity are essential objectives for the achievement of the legitimate aspirations of the African peoples.
> *African Charter on Human and Peoples' Rights*

The African system of human and peoples' rights is both universal in character and distinctively African in its scope and principles. Now under the auspices of the African Union (AU),[2] Africa has a wealth of human rights mechanisms, laws and norms,[3] at the centre of which lies the African Charter on Human and Peoples' Rights (the charter, hereafter). Unlike other human rights treaties, the charter uniquely recognises collective rights, individual duties and third generation rights, while also characteristically underscoring the interdependence between political and civil rights and economic, social and cultural rights. Following its adoption in 1981, the African Charter on Human and Peoples' Rights came into force only in 1986 but has since been ratified by all 53 states of the African Union and is widely recognised within Africa, at least rhetorically, as setting the standard for the protection of human rights.

While some in the international community question the necessity of regional protection mechanisms given the very precept of universality enshrined in the concept of human rights, it is generally accepted that the advantage of such mechanisms are the common interest of states within a regional bloc in upholding human rights, the ability of these states and civil society within them to influence one another, as well as the ability to define human rights norms based on shared values within a region.[4] Such regional human rights mechanisms also exist in the Americas and Europe.

The charter laid the groundwork for the establishment of the African Commission on Human and Peoples' Rights (the commission, hereafter), which was established in 1987. The commission has as its mission to promote and protect the rights enshrined in the charter by considering periodic state reports on national implementation and respect for the rights enshrined in the charter; contributing to the development and definition of human

---

The African system of human and peoples'
rights is both universal in character and
distinctively African in its scope and principles.

---

rights norms and principles on the continent; hearing complaints from states, civil society and individuals on human and peoples' rights violations, issuing reports containing findings on whether abuses have occurred and making recommendations to the state and other perpetrators to remedy these violations; conducting fact-finding missions and establishing special procedures, such as appointing special rapporteurs and working groups, on salient issues on the continent.

While the principles of the charter have been widely adopted throughout Africa, as has the mandate of the commission, the principle of non-interference between states seems still entrenched. To this day, the African commission has heard only one inter-state complaint since its establishment. Despite the seeming lack of political will on the part of African states and governments to hold one another accountable for violations of fundamental freedoms, the success of the commission lies primarily in the engagement of civil society in its work. The Charter on Human and Peoples' Rights does not explicitly define who is able to seize (appeal to) the commission with individual complaints but the commission itself has interpreted the charter to broadly permit individuals and NGOs to submit complaints. Additionally, at every session of the commission, an NGO forum – currently organised by the African Centre for Human Rights and Democracy Studies in Africa (ACHRDS) – precedes the official opening and deliberations.

The NGO forum has established itself as an important part of the commission's work by providing reports on thematic and regional situations as well as providing a platform for joint civil society advocacy and action. In recognition of the important contribution of civil society to the commission's work, the final communiqué of the NGO forum is read out to representatives of states, commissioners, and civil society during the opening ceremony of each commission session. The NGO forum has been

---

what is needed, in complement to the current emphasis on international protection, is a new approach that originates from the continent, embraces the existing system of protection and promotion in Africa and provides a pro-active Pan-African response to violations

---

successful in putting issues of importance on the agenda of the commission and in providing alternative information for the commission to consider alongside state reports. Further, the NGO forum has proved invaluable in creating a network of steadfast African civil society organisations that effectively engage pan-African policy makers and institutions to create real change in Africa. Holding not only the states and governments to account, the NGO forum has effectively pushed for greater emphasis on the commission's work at the African Union, thus contributing to the furtherance of a culture of respect for rights in Africa.

In November 2007, the commission will be celebrating its 20th year of operation at its 42nd ordinary session in Congo-Brazzaville. At this juncture in the evolution of the commission and with the imminent operation of the African Court on Human and Peoples' Rights,[5] it is important to critically assess the successes, challenges and effectiveness of the human and peoples' rights system in Africa. The only true measure for such an assessment is the changes in reality for individuals and communities across the continent.

With this yardstick, it is difficult to ignore the failures of the present system as we observe the tragedies in Darfur, the ongoing crisis in Northern Uganda, the widespread violations of women's rights, the systematic use of torture and other cruel and degrading punishment by state actors, among other violations that continue to be widespread in Africa. Given that the state is primarily responsible for guaranteeing human and peoples' rights, it requires no leap of logic to conclude that without the political will to respect these rights, violations will continue unabated. But even beyond the will of states to hold one another and themselves accountable, the African human rights system faces very fundamental challenges. Among these is simply the lack of knowledge of these rights and mechanisms across the continent.

It is indeed true that there is a gap between the decisions made in most pan-African institutions and the people of the continent directly affected by these decisions. However, this fact is particularly detrimental when dealing with the commission since its recommendations and decisions are not binding, thus, they rely heavily on political will for enforcement. Yet, the states' determination to implement the recommendations of the commission will continue to be deficient as long as there is no internal pressure for realisation. In order for the people of Africa to hold their heads of states and governments accountable to their obligations under the charter and the decisions of the commission, there needs to be widespread popularisation and promotion of these rights and recommendations. The commission, states themselves and civil society should lead this national sensitisation and institutionalisation campaign, with the media playing an essential role.

Suggestions have further been made that the African human rights charter system needs to be integrated into the legal culture in Africa by making it an inherent part of the curriculum in universities and law schools throughout the continent. This legal institutionalisation at the national level would ensure that the charter system is cited in national jurisprudence and used by lawyers who would, in turn, make it accessible to their clients.[6]

The current impediment to widespread publicity of the charter and the decisions of the commission has largely been the lack of a concerted multi-stakeholder effort across the continent. However, the charter itself contains a provision, unheard of in other regional human rights systems, which requires the assembly of heads of states and governments to approve the commission's reports before they become public.[7] As a matter of course, the assembly has approved the publication of the commission's reports. Yet, in 2004, this procedure, which had previously been taken for granted, was subjected to scrutiny as the publication of the commission's activity report on a fact-finding mission to Zimbabwe was postponed by the assembly on the basis of the claim by the government of Zimbabwe that it had not been given the opportunity to respond. This unique precedent underlines the danger, especially in situations as politically contentious as the crisis in Zimbabwe, that the decisions of the commission may be made obsolete if silenced by African heads of states and governments.

Additionally, for the mechanisms, institutions and avenues for advocacy in Africa to be effective, the system must be utilised to its fullest potential. The use of laws creates precedence, the use of advocacy forums generates accountability and the sustained use of mechanisms enhances their powers of enforceability. However, the potential impact of direct advocacy within Africa has been little tapped by international NGOs and resource-constrained national or local human rights defenders. The underuse of this system is detrimental, with most solutions to human rights violations in Africa sought from outside the continent. While a global strategy is necessary, what is needed, to complement to the current emphasis on international protection, is a new approach that originates from the continent, embraces the existing system of protection and promotion in Africa and provides a pro-active Pan-African response to violations.

While one of the strengths of the African Commission on Human and Peoples' Rights is the distinctive engagement of civil society, it is a tireless select number of African human rights organisations that have created the space for their engagement in the system through the NGO Forum and other platforms. While at the African Union level, efforts have been made by states to undermine access and meaningful engagement by civil society by creating criteria for observer status that favour governmental NGOs (GONGOs) rather than independent civil society organisations,[8] criteria for observer status at the commission itself allow for a wide range of civil society organisations and individuals to bring complaints before it. However, access to and engagement with the commission, as with other pan-African institutions, favours international NGOs because of the lack of resources, understanding of potential impact, and access to information available to national and local human rights defenders. Yet it is these local and national civil society organisations and activists that are critical in ensuring national implementation of the rights enshrined in the charter and enforcement of the recommendations of the commission. Despite this, the NGO forum successfully and critically attempts to amplify the voice of African human rights defenders in the proceedings. Such endeavours must be supported and expanded for the commission to be strengthened.

As of 2005, the African Commission on Human and Peoples' Rights had issued an average of ten decisions per year, as compared to the Inter-American Human Rights Commission, which made decisions in approximately 100 cases per year. There are several reasons for the stark difference, but the budgetary contrast is striking: the African commission has a budget of $200,000 for each session, whereas the inter-American commission has an annual budget of $2.78 million and $1.28 million in external contributions and, as with the African commission, holds two sessions per year.[9]

Further to budgetary considerations to strengthen human rights system, complementary treaties to the African Charter on Human and Peoples' Rights have the potential to strengthen respect for human and peoples' rights in Africa. Currently, the African Charter on the Rights and Welfare

---

access to and engagement with the commission, as with other pan-African institutions, favours international NGOs because of the lack of resources, understanding of potential impact, and access to information available to national and local human rights defenders

---

of the Child, which came into force in 1999, has been ratified by 37 states and established the Committee on the Rights and Welfare of the Child to promote and protect child rights. However, if the commission remains obscure to many on the continent, the committee remains largely unheard of. Yet, other endeavours to complement the system have been more successful. In November 2005 the Protocol to the African Charter on Human and Peoples' Rights on the Rights of Women in Africa came into force. Having been adopted by the African Union in 2003, the protocol has been the fastest African treaty to come into force. This success is due primarily to the tireless efforts of women's rights activists and human rights defenders across the continent, who formed coalitions, such as the Solidarity for Women's Rights in Africa (SOAWR), to advocate regionally and nationally for the immediate ratification of the protocol without reservation. Proving that human rights protection and promotion is only as strong as the movement of defenders behind it, as suggested by Dr Issa Shivji,[10] the protocol lays the foundation for greater protection of women's rights on the continent.

While the African Charter on Human and Peoples' Rights, under Article 18 (3), addresses the rights of women, it has some shortcomings: its lack of a definition of discrimination, the scope of the rights it enumerates and its emphasis on tradition, which has been used, in some instances, to justify the violation of the rights of women. The protocol, however, is perceived to be groundbreaking in its breadth of rights. Though states seem to have readily adopted the protocol many have done so with reservations that are antithetical to the very principles of the protocol. It also remains to be seen

---

The establishment of the court is welcomed because it provides a legally binding recourse for survivors and victims of human rights violations as opposed to the recommendations of the commission, which rely so heavily on political will for enforcement.

---

how these states implement the rights enshrined in the treaty nationally. What seems certain, however, is that states will be held accountable to the commitments they have made under the protocol should the African women's rights movement apply the same determination and coordination it used during the entry into force phase of the protocol to the domestication and enforcement phase.

In addition to the specialised treaty system that sits with the African Charter on Human and Peoples' Rights, the African Union has finally established the African Court on Human and Peoples' Rights to complement the protection of the commission. The protocol establishing the court came into force in 2004, after six years of waiting for the 15 state ratifications it needed, but the court has yet to become fully operational. While civil society hopes that the court can incorporate the lessons from the commission's 20 years of experience, the political will so lacking to push the commission's work to the fore of the African Union appears to still be missing in respect to the court. In a controversial step, the AU decided in July 2004 to merge the court with the African Court of Justice. What remains unclear is whether this merger, as yet still fully to be defined, will cause the adjudication of human rights cases to be delayed because of the differences in jurisdiction, rules and procedures of the two courts.

The establishment of the court is welcomed because it provides a legally binding recourse for survivors and victims of human rights violations as opposed to the recommendations of the commission, which rely so heavily on political will for enforcement. However, its potential to play a key role in providing remedy to victims is undermined by the fact that, unlike the commission, individuals and NGOs are unable to seize the court directly unless the state concerned has made a declaration under Article 34 (6) of the protocol establishing the court. Given the record of inter-state complaints at the commission,[11] this provision has the potential of rendering the court mute, except in cases that are referred from the commission. The complementarity between the court and the commission also remains unclear. For instance, Christof Heyns suggests that if in fact states made the declaration allowing access to the court by individuals and NGOs, the stipulation that such access be direct may undermine the commission as survivors and victims would be forced to choose, from the outset, between the potentially legally binding decision of the court and forfeiting the opportunity to seize the court by bringing a communication to the commission, where the best outcome would be a non-binding recommendation.[12] These and other similar issues certainly need to be resolved if the court is to strengthen the African human rights system.

Further to the additional protocols and protection mechanisms, other organs of the African Union dealing with good governance, development, rule of law and human rights, are complementary to the commission's work. Notable among these is the New Partnership for African Development (NEPAD) and its associated African Peer Review Mechanism (APRM), which monitors states compliance with their obligations under regional treaties. It is vital that these processes are harmonised with the work of the commission so as to ensure the greatest protection for human and peoples' rights. The objectives of the APRM are based on the four focus areas of the 'Declaration on Democracy, Political, Economic and Corporate Governance'.[13] Less widely accepted than the African Charter on Human and Peoples' Rights, the APRM has been acceded to by some 23 African states. Like the commission, the APRM has no enforcement mechanism but has been an important process in the few countries where the process has been carried out as it has included many stakeholders, including civil society, and has received regional attention. The commission's decisions, recommendations and findings can and should provide reference for the APRM review. Further, the commission should participate in the preparation of the background report and review visits of the APRM in countries where communications have been heard and human and peoples' rights violations found to have occurred, thus allowing for follow up and monitoring of implementation of commission decisions via consistent APRM reviews.[14] This state compliance with the findings and recommendations of the commission should be explicitly reviewed through the APRM as a means of strengthening enforcement and the protection of human and peoples' rights.

In conclusion, as the 'African renaissance' of the new millennium is framed with the self-determined precept of African solutions to African problems, it is crucial that regional human and peoples' rights protection are strengthened. Indeed, the African Charter and Commission on Human and

Without the consistently active participation of African civil society, the 'ghettoisation' of the commission within the AU would have been absolute.

People's Rights provide a sound foundation, though not without inherent weaknesses, to guarantee the protection of these rights. As the commission advances towards its third decade, the challenges, failures and successes of its work must be critically assessed and the lessons drawn. In order to strengthen the protection the commission is charged with, African heads of states and government, through the African Union, must cease to de-legitimise the commission, be it through the lack of funding or the postponement of its reports; take all appropriate steps to facilitate a coordinated campaign to popularise the role and recommendations of the commission; ensure that the highest protection of human and peoples' rights is guaranteed through complementary mechanisms and norms; and further strengthen civil society engagement with the commission.

The commission has proved itself to be the organ of the African Union that underscores the importance of African citizen and civil society engagement with pan-African institutions by illustrating that human rights protection is only as effective as the peoples' movement spurring it on. Without the consistently active participation of African civil society, the 'ghettoisation' of the commission within the AU would have been absolute. Yet, through the efforts of the people of Africa demanding their rights, the commission has made waves in shifting the culture of denial and impunity among heads of states and other perpetrators of human rights violations, at least rhetorically, to one of recognition of the rights enshrined in the charter. It is high time these efforts were heeded so that the people of Africa can see real change in their lives and enjoy the rights and protection long overdue to them. Only then will the man-made tragedies of Africa cease and the continent can, at long last, progress on the road to development.

References
Heyns, C., Padilla, D. and Zwaak, L., (2005) 'A Schematic Comparison of Regional Human Rights Systems: An Update', *African Human Rights Law Journal*, 5: 308-320
Ouguergouz, F., (2003) *The African Charter on Human and Peoples' Rights: A Comprehensive Agenda for Human Rights*, Kluwer Law International
Umozurike, U., (no date) 'The African Charter on Human and Peoples' Rights', *American Journal of International Law*, 77: 902-912
'The African Regional Human Rights System', International Service for Human Rights

Notes
1 Umozurike, U., (no date) 'The African Charter on Human and Peoples' Rights', *American Journal of International Law*, 77: 902-912
2 The Organisation for African Unity was replaced in 2001 by the African Union.
3 The African human rights system is comprised of five treaties: the African Charter on Human and Peoples' Rights, the Convention on Specific Aspects of the Refugee Problem in Africa, the African Charter on the Rights and Welfare of the Child, the Protocol on the Establishment of an African Court on Human and Peoples' Rights, and the Protocol to the African Charter on Human and Peoples' Rights on the Rights of Women in Africa. There are also three implementation mechanisms: the African Commission on Human and Peoples' Rights, the African Court on Human and Peoples' Rights and the African Committee of Experts on the Rights and Welfare of the Child.
4 Heyns, C., Padilla, D. and Zwaak, L. (2005) 'A Schematic Comparison of Regional Human Rights Systems: An Update, *African Human Rights Law Journal*, 5: 308-320
5 The protocol establishing the African Court on Human and Peoples' Rights entered into force in January 2004.
6 Heyns, C. (2001) 'African Regional Human Rights System: In Need of Reform?' *African Human Rights Law Journal* 1(2).
7 Article 59 (1) of the African Charter on Human and Peoples' Rights states that 'all measures taken within the provisions of the present Charter shall remain confidential until such a time as the Assembly of Heads of States and Governments shall otherwise decide'.
8 The criteria for observer status at the African Union apply to NGOs registered in AU member states if the majority of the NGO's management is composed of African citizens and if the NGO is devoted to regional or continental activities. The 'basic resources of such NGOs shall substantially, at least twothirds, be derived from contributions of its members',

yet, the budgetary realities of most independent African NGOs, who often receive third-party funding from private foundations, the state or governmental institutions, contradict this provision.

9 Heyns, C., Padilla, D. and Zwaak, L. (2005) 'A Schematic Comparison of Regional Human Rights Systems: An Update, *African Human Rights Law Journal*, 5: 308-320.

10 Shivji, I. (nd) 'The Concept of Human Rights in Africa'.

11 To date, the African Commission on Human and Peoples' Rights has heard only one inter-state complaint.

12 Heyns, C. (2001) 'African Regional Human Rights System: In Need of Reform?' *African Human Rights Law Journal* 1(2).

13 These focus areas are: democracy and political governance, economic governance and management, corporate governance and socio-economic development.

14 International Federation for Human Rights (nd) 'A Human Rights Approach to the New Partnership for Africa's Development (NEPAD) and the African Peer Review Mechanism (APRM)'.

THE RIGHTS OF INDIGENOUS PEOPLES IN AFRICA

KORIR SING'OEI ABRAHAM

The author argues that Africa's opposition to the adoption of rights for indigenous peoples — who are often nomads or hunter gatherers — has largely been informed by misconceptions and myths. He points out that the right to self-determination sought by these marginalised groups has been recognised by the AU as being consistent with the principles of a country's territorial integrity.

It is late July 2006. A study and information visit by the Working Group of Experts on Indigenous Populations – part of the African Commission on Human and People's Rights (the commission, hereafter) – is under way in Uganda. Uganda is one of the few African countries whose constitution boasts an extensive human rights regime of civil and political as well as economic, social and cultural rights. The visit, designed to disseminate the findings of a report by the commission in 2004 on the status of indigenous peoples in Africa, and thereby to engage in constructive dialogue with government officials and civil society in Kampala, is confronted with an insurmountable obstacle. A leading member of the Ugandan delegation overseeing the visit – Rosette Nyirinkindi, the head of the African Union division in Uganda's Ministry of Foreign Affairs – is of the view that the visit's objectives are contrary to the spirit of the country's constitution, which seeks to foster peaceful coexistence among Uganda's communities. According to Nyirinkindi, a seasoned diplomat who had previously served in her country's mission in New York, the Ugandan constitution identifies all 56 ethnic communities residing in the country as indigenous. Therefore to set apart and focus on some of these communities to the exclusion of others, as the commission report had done, was a flagrant breach of Uganda's constitutional and policy commitment to equality and a short cut to ethnic strife.

This is the classic scenario that confronts advocacy of indigenous rights in Africa. To raise indigenous issues in the continent demands that one respond to the question of to whom precisely indigenous rights may be ascribed. This then invites myriad other inquiries, including the usefulness of this distinction in promoting human rights and the link with the question of national integrity. This article will address some of these issues, and I hope give voice to the millions of pastoralists and forest communities who self-identify as indigenous people in Africa.

The context

It is difficult to analyse the question of indigenous rights in Africa without engaging with the question of statehood, and it is impossible to address the latter without considering its dubious origins. The colonial enterprise in Africa, marked by domination and annexation of territory, was masterminded by Leopold, the Belgian monarch, and Bismarck, the German chancellor. It reached its peak in the Berlin conference of 1884, which was convened ostensibly to regulate trading relations between European powers but ended by legislating for the partition of Africa. The result was the dismemberment of the continent into 53 multi-ethnic and odd states with no basis in scientific or social rationality save that of resolving territorial disputes between the colonisers. This certainly lends credence to the fledgling movement for the unification of Africa.

Colonialism was based on the ethnocentric belief that the morals and values of the European coloniser were superior to those of the colonised African. It involved egregious racial discrimination linked to pseudo-scientific theories that were buttressed by the Christian religious zealotry of the 17th and 18th centuries. This form of social Darwinism, that placed white people at the top of the animal kingdom 'naturally' in charge of dominating non-European indigenous populations, found a strong philosophical justification in the works of the German philosopher Hegel, amongst others. He claimed that sub-Saharan Africa was an ancient utopia which had remained shut up within itself: 'the land of childhood, which lying beyond the day of self-conscious history, is enveloped in the dark mantle of night'. Its isolated character, argued Hegel, originated not merely in its tropical nature but essentially in its geographical condition. Hegel claimed that upland negroes continued to exist in a state of consciousness which he termed 'the infancy of humanity', hence the juridical concept of discovery that informed colonial property relations with conquered people's territories.

14

The post-colonial state in Africa, emerging from this colonial artifice, reluctant to remodel itself, and having solidified the colonial boundaries through the ancient international legal principle of *uti possidetis*,[1] is fraught with weaknesses which have manifested themselves in serious ethnic conflicts, poor governance, wanton inequalities and chronic poverty. Indigenous rights in Africa must be assessed and asserted from this context.

As Howitz writes in *Paradigm Wars*,[2] colonial processes of territorial acquisition and state formation and post-colonial state consolidation had dramatic consequences for the resource rights and identities of communities in Africa:

> Indigenous peoples' assets, interests and property have been sold, leased, traded, and despoiled; communities have been dispossessed, displaced and impoverished; lands have been submerged, cleared, fenced and degraded; seas, rivers and lakes have been polluted … and appropriated for private use; sacred sites have been dynamited, excavated, desecrated and damaged in every possible way; cultural knowledge and material has been stolen, displayed, appropriated as national heritage, and commodified as an economic good; and even indigenous peoples themselves have been classified, subjected to repressive legislation, arbitrarily removed from their families by state apparatuses, and most recently, subjected to patenting of their genetic materials.

Indigenous rights and people in Africa

While it is undeniable that the West ravaged and looted the entire continent through slavery, colonialism and neo-colonialism, the disproportionate disadvantage dispensed by these forces upon some communities in Africa is vehemently denied. Why is it so hard to appreciate that the Maasai, who lost over one million acres of grazing land in Kenya's vast Rift Valley to the British, today constitute one of the poorest communities in the country? Does it take rocket science to appreciate that the expulsion of the Batwa from the Bwindi and Mgahinga National Parks in Uganda to pave the way for the protection of the mountain gorilla, a key tourist attraction, has led to the near-decimation of this hunter-gatherer community? Does one need to ask what contributes to the penury of the Herero in Namibia, whom the Germans butchered *en masse* and used as guinea pigs at the turn of the 20th century?

15

The worst part of the nightmare is that rather than pave the way for the reconstruction of Africa's political and economic order, the departure of the colonialists ushered in a new set of black dominators who, taking advantage of the instruments and institutions of the colonial state, proceeded to plunder and loot the continent of its resources and completely closed the door to restitutive justice.

Contemporary public policy makers in Africa ignore the shame of colonialism and make vigorous attempts to construct a reality based on the 'national interest' rather than communitarian pursuits, which they consider

Groups that self-identify as indigenous live a peripheral existence.

provincial and therefore sectarian. It is this subsuming of identities, and its conflation with equality for all, that is largely responsible for the denial of indigenous rights.

Indigenous rights are considered a domain of rights which seeks to dislocate national priorities for communitarian purposes and does not fit the logic of state-centred development. That some communities have refused to align their interests with national development priorities is seen as failing to take on the responsibility and demands of progress. This view is part of a classical contention that disputes the relevance of recognising diversity in divided societies, a move that hegemonises the state. A critical analysis of indigenous rights and their beneficiaries would demonstrate the fallacy of this objection.

First, indigenous rights are grounded in the general notion of the universality of rights within a multicultural context as endorsed by the Vienna Declaration of 1993. That declaration unequivocally reaffirmed the inherent dignity and unique contribution of indigenous people to the development and plurality of society, and called for their full inclusion in the life of the state. It is therefore anathema to question the place of indigenous rights in the national discourse, for the two can comfortably coexist and support each other; the substantive inclusion of marginalised groups in national processes gives the latter broader legitimacy. By reinforcing the state where it would otherwise be absent, the promotion of indigenous rights, such as self-determined local governance and development, can lead to peace.

Second, indigenous rights must be seen as enabling substantive equality, thus spreading light to a group of people previously not reached by the transformative premise of the Universal Declaration of Human Rights. While non-discrimination is held up as a *jus cogens*,[3] the fact that it is still difficult to achieve equality for all means that marginalised groups, be they women, children, minorities or indigenous groups, have to pursue strategies that go beyond formal equality to attain the promise of dignity for all people. Some have questioned how effective non-discrimination provisions are as a bulwark against the human rights deficiencies experienced by indigenous groups. Professor Kingsbury of New York University has argued, for instance, that the existing mechanisms have completely failed to deal adequately with the concerns of indigenous groups, and have merely served a symbolic and didactic purpose, hence the demand for more specific mechanisms.

Third, the collective conception of rights has often seemed to be a child of a lesser god within a human rights system that has historically pitted civil and political rights against economic, social and cultural rights. Collective rights, which are central to the struggle of indigenous people the world over, have suffered from being poorly articulated, which has prevented them from being

---

*Why is it so hard to appreciate that
the Maasai, who lost over one million acres
of grazing land in Kenya's vast Rift Valley
to the British, today constitute one of the
poorest communities in the country?*

---

regarded as the norm. Thanks to Article 27 of the International Covenant on Civil and Political Rights (ICCPR) and the progressive jurisprudence that has flowed from the Human Rights Committee on this article, a lot of ground has been laid for the protection of group rights to land and development, among other things. The rich array of solidarity rights provided for under the African Charter on Human and Peoples' Rights (the charter, hereafter), which lend themselves well to the cause of indigenous peoples, is thanks to Keba M'Baye, the Senegalese jurist. His appreciation of the dynamics of African society inspired the document. In his 1972 monograph on the rights to development – *Le Droit du Developpement comme un Droit de l'Homme*

17

– borrowing significantly from Karel Vasak, UNESCO's director, M'Baye articulates solidarity rights to include the right to development, the right to peace, the right to an environment, the right to ownership of the common heritage of humankind, and the right to communication.

Thus, the notion of indigenous people and rights in Africa must be understood not merely in terms of a dictionary definition that emphasises people's origins. The modern understanding of the term 'indigenous peoples' focuses on the lived experience of systemic marginalisation, discrimination, cultural difference and self-identification, in line with the emerging practice of the commission. The International Work Group for Indigenous Affairs (IWGIA) and the Working Group on Indigenous Issues of the commission have argued that:

> ...the issue of indigenous peoples revolves around the assertion that certain marginalized groups are discriminated against in particular ways because of their particular culture, mode of production and subordinate position within the state and that state legal and policy frameworks have been impotent at addressing these challenges. This is a form of discrimination which other groups within the state do not suffer from. It is legitimate for these marginalized groups to call for the protection of their rights in order to alleviate this particular form of discrimination.[4]

The notion of indigenous people in Africa also overlaps with the concept of minority rights, another problematic but less controversial term in the continent.

Africa's opposition to the adoption of standard-setting mechanisms and norms for indigenous peoples has largely been informed by misconceptions and myths. In 2006 an assault on the Draft Declaration on the Rights of Indigenous Peoples, led by Namibia and Botswana within the African group in the UN, caused the General Assembly to postpone its decision on the declaration, thereby holding in abeyance substantive recognition of indigenous rights under international law. When the African Union's assembly of heads of state and government met in Addis Ababa a year later, they justified the position of the African group on the grounds that indigenous rights as elaborated in the declaration would affect territorial integrity. The question that baffles many is whether the Batwa in Uganda, the Endorois in Kenya or the Bushmen in Botswana have designs to create their own separate states. Is it not obvious that the right to self-determination sought by these groups is one that can empower them and lead to their recognition and enhanced participation in public affairs? The *Katanga v Zaire* communication of 1976, which established that a variant of self-determination that ensures the inclusion of marginalised groups within a state is consistent with the principle of territorial integrity, was reiterated nearly 20 years later in the *Ogoni v Nigeria* decision by the African Commission on Human and Peoples' Rights.

The term 'indigenous people' should therefore be used in a practical way, to draw attention to and alleviate the particular form of discrimination from which communities suffer. In the African context these communities are

---

*From Botswana to Kenya, South Africa
to Uganda, courts have become the theatre
for dramatising the plight of indigenous people
and the sheer scale of their destitution.*

---

almost always nomadic or hunter gatherers. By identifying with the term, they feel that the particularities of their suffering can be better articulated and can lend themselves to the protection of international human rights law and moral standards. The adoption of a flexible bundle of rights attributable to indigenous groups, rather than a constant struggle to achieve unanimous agreement on terminology (which has been elusive over the last two decades of discussion within the UN on indigenous rights) seems to me to offer a real possibility for appreciating indigenous peoples' rights in Africa.

A cry from the dark: living on the fringes

Groups that self-identify as indigenous live a peripheral existence. Most governments in Africa do not have disaggregated data or indicators to monitor the social, economic and political status of indigenous people. How then can they track progress towards achieving the Millennium Development Goals if the poorest of the poor are not even properly recognised? A major concern is that many states will focus on the bottom line of reaching the MDGs, rather than the matter of who reaches them or how. This risk was noted in the Human Development Report of 2003.[5]

Take the Twa in Burundi, Rwanda, DRC and Uganda, for instance. Their lifestyle and the rate of deforestation has kept them moving for decades and left them vulnerable – falling through the cracks of a modern social and legal system which would normally secure tenure on both their lands and livelihood assets. Growing pressure to preserve the few remaining rainforests in the most densely populated countries of the Great Lakes region means that they find themselves excluded from their traditional habitats. The Rwandan state has for decades been tightening its control over forest areas, driven by the need for more protective conservation policies, the growth of the tourism industry and security concerns along its borders with DRC, Burundi and Uganda. The Batwa have been the most affected by these measures, which have uprooted them from their traditional lifestyle and means of earning a living. They have been unable to make a successful transition to a sedentary life and a market economy.

Most indigenous communities, including the Twa, were never compensated when expelled from the 'protected areas' or 'state reserves' they used to live in, due to their traditional marginalisation and to flawed legal and policy frameworks. As a result, their living conditions have degenerated further. Today, most Batwa lead a shockingly impoverished existence. A recent report by a UK charity called the Forest Peoples Programme predicts that the Twa are in danger of extinction unless massive and concerted action is taken to reverse their decline.

Such is the state of many other groups of indigenous people, both pastoralists and hunter gatherers, from the Barabaig in Tanzania to the Tuareg in Mali.

The road less travelled

Indigenous rights, shunned by politicians across the continent, have found solace in an unlikely quarter: the judiciary. Reputed to be incorrigibly corrupt and inefficient, judiciaries across the continent have yet to be acknowledged as bastions of justice for the weak. It is here that the struggle for recognition and respect for indigenous rights has been most vociferously waged. From Botswana to Kenya, South Africa to Uganda, courts have become the theatre for dramatising the plight of indigenous people and the sheer scale of their destitution. In Kenya, a toothless goat was produced to persuade a court of allegations of environmental genocide perpetrated against the indigenous Il Chamus community. In Botswana, hundreds of members of the Basarwa community, clad in their colourful traditional attire, endured a 200-day hearing to demonstrate that they were indeed a recognisable group, contrary to the state's assertion. Judicial proceedings have been used with mixed results to seek land restitution for an indigenous group in South Africa, halt state displacement of the Ogiek from the Tinet forest in the Rift Valley of Kenya, procure provision of social services for the Benet in Uganda, stop a multinational mining company from procuring a land concession in the Magadi area of Kenya for soda ash production, and secure language rights in Namibia.

Disappointingly, just as in the days of *Brown v Board of Education* at the height of the civil rights movement in the United States, when the Supreme Court issued judgments in favour of desegregation but racist and belligerent states refused to implement them, African governments have been reluctant

In a continent that professes respect for the rule of law as a central tenet of its constitutional order, the failure to implement judicial decisions is a mocking indictment of Africa's commitments to good governance and democratic ideals.

to embrace with open arms the decisions of their own judiciaries. The government of Botswana, for instance, side-stepped the decision of its constitutional court and refused to allow the Basarwa to return to their hunting livelihood in the Central Kalahari Game Reserve. A year after the Kenyan constitutional court held that a constituency should be created for the Il Chamus in Baringo to ensure their participation in policy making, no action has been taken. A similar state of affairs prevails in Uganda, where two years after consent judgment was entered allowing the Benet rights to graze and farm the land they occupy, there has been no action by the administration to back up the court's decision. In a continent that professes respect for the rule of law as a central tenet of its constitutional order, the failure to implement judicial decisions is a mocking indictment of Africa's commitments to good governance and democratic ideals.

Undeterred, indigenous groups have seized on regional mechanisms to develop standard-setting precedents on indigenous rights, but their attempts have yet to bear fruit. In 2006 the Bakweri lands claim against the Cameroonian government was defeated when the commission declared the communication inadmissible. Indigenous people in Africa wait with bated breath for the commission's decision with respect to the Endorois communication against the Kenyan government, which seeks the restitution of ancestral territory.

The media houses, belatedly, have taken their cue from these dramatic scenes and begun to highlight the folly of non-recognition of indigenous communities' plight in Africa, enabling the African public and policy makers to consider their predicament. Mainstream civil society organisations such as ActionAid and CARE in Uganda have begun to demand state attention to indigenous rights as a means of attaining the Millennium Development Goals. The rise of organisations such as the Centre for Minority Rights Development in Kenya and the Indigenous Peoples of Africa Coordinating Committee (IPACC) in South Africa, dedicated solely to the struggle for indigenous rights in Africa, is also helping give visibility to these issues.

Good news, difficult to come by, is slowly emerging. Countries such as South Africa and Cameroon have taken the bold step of commencing processes to ratify ILO Convention 169, which extends a substantive regime of rights for indigenous people, including the right to free, prior and informed consent in relation to development processes on indigenous lands.

Not yet out of the woods...

Indigenous people's struggles for recognition of their rights must be considered within the context of building multicultural societies in Africa, where diverse identities contribute towards the well-being of the whole. Without this paradigm shift, indigenous rights will continue to be perceived negatively, as instruments of parochialism and division. Yet to achieve this shift, Africa must rise up to the challenge of its own identity. Until then, it is 'not yet uhuru' for indigenous groups in Africa.

See www.cemiride.info for more information about CEMIRIDE.

Notes
1 Latin for 'as you possess', a legal principle which allows a belligerent to keep the territory it occupies at the end of a war.
2 Howitz, R. (2006) 'Recognition, Respect and Reconciliation: Steps towards Decolonization?' in Mander, J. and Tauli-Corpuz (eds) (2006) *Paradigm Wars: Indigenous People's Resistance to*

Globalization. Berkeley CA: University of California Press, p. 15.

3 *Jus cogens*: 'compelling law', or 'higher law', which may not be violated by any country.

4 IWGIA and ACHPR (2006) *Indigenous Peoples in Africa: The Forgotten Peoples?*, p.12.

5 UNDP (2003) *Millennium Development Goals: A compact among nations to end human poverty*. New York: UNDP.

WOMEN, EQUALITY AND THE AFRICAN HUMAN RIGHTS SYSTEM

ROSELYNN MUSA

Despite the promises and the mobilisations by women from all over the continent, African women still lack adequate protection of their human rights. The author argues that the root of the problem is the persistent lack of political will by governments to implement commitments to gender equality.

Introduction

The 21st century marks a critical juncture in the promotion and protection of a human rights culture in Africa. As the world becomes more interdependent, regional systems of cooperation are playing an increasingly important role in the promotion and establishment of a positive international human rights order.

African states have committed themselves to various international and regional policy documents. The most significant international gender mechanisms are the 1979 Convention on the Elimination of All Forms of Discrimination against Women (CEDAW), and the Beijing Platform for Action (BPfA) of 1995, the African Charter on Human and Peoples' Rights (the charter, hereafter), the International Conference on Population and Development's Programme of Action (ICPD PoA), the African Union's Solemn Declaration on Gender Equality in Africa, the New Partnership for Africa's Development (NEPAD), the Millennium Development Goals (MDGs), and the constitutive act of the African Union. In signing up to the MDGs, 191 governments resolved to promote gender equality as a goal in its own right, but also the empowerment of women in order to combat poverty, hunger and disease and to stimulate sustainable development. NEPAD also stresses equality and enhances women's rights through its African Peer Review Mechanism (APRM). All these conventions and policy frameworks commit governments to address gender equality, equity and women's empowerment. They are subject to periodic reviews to measure the extent to which they have been delivered.

Over the past year these reviews have generally shown that Africa has made some progress at all levels. Most countries have developed national gender machineries and policies, but the majority of their strategies have not been implemented. Despite all these promises and first-class commitments, African women are no better off than when they started. The promises have moved a shoe size further on, if at all. The stagnation in some respects and deterioration in others are worrying, particularly given the level of mobilisation of women and advocacy by women's rights activists from all over the continent. At the root of the problem lies the persistent lack of political will on the part of African governments to implement commitments to gender equality.

This paper explores the relationship between the international and regional policy framework on women's human rights in Africa and its actual implementation. It discusses the Protocol to the African Charter on Human and Peoples' Rights on the Rights of Women in Africa (from here onwards referred to as the protocol), compares it with other instruments and highlights what makes it unique. It concludes with the challenges encountered in promoting women's rights and recommends accelerated implementation of gender policy commitments in Africa.

The Protocol on the Rights of Women in Africa

The protocol seeks to address the shortcomings of the international instruments that preceded it in addressing African women's rights. It has proven to be a much-needed improvement on the way in which the African Charter on Human and Peoples' Rights addressed the position of women in Africa. It applies CEDAW and BPfA in an African context.

The protocol has three sections. The first sets out its rationale and refers to both regional and international commitments on women's rights. The second outlines the rights to be upheld by the protocol, and the third covers its implementation and addresses the procedures for adopting, monitoring and amending it.

The protocol is the first instrument to be developed by Africans for women in Africa. It builds on and strengthens other regionally negotiated issues that have been detrimental to women's human rights. It challenges cultural behaviour and traditions that often violate the fundamental rights of women in Africa. The inclusion of articles concerning widows and inheritance rights is regarded as a breakthrough, for these are issues particular to African women which are normally swept under the carpet. And it gives women a line of defence on which to base their appeals in cases where they have been unsuccessful in challenging national discriminatory laws or practices.

The entry into force of the protocol reflects a growing awareness that women are equal members of society, and that they are participants and not simply beneficiaries in the development process. Prosperity on the African continent requires the promotion and protection of the rights of all African peoples, as well as adherence to the principles of gender equality and non-discrimination.

From the above it can be seen that the African Union has plans and programmes to ensure that its member states are part of the global effort to advance the principle of gender equality in Africa.

Enforcement mechanisms

At the national level, the procedure for domestication of CEDAW and the protocol is a major challenge. While several countries have acceded to CEDAW, many have not taken the extra step to domesticate it and make it part of their national laws. What this means in effect is that its provisions cannot be directly applied in national courts. States parties do not always have the political will to implement commitments made at the international level.

The challenges faced in implementing CEDAW are a good indication of those the protocol will face, from which important lessons can be drawn. The mandate of the CEDAW Committee is to monitor its implementation by the states parties which have ratified it, and this is done through periodic reports. Unfortunately this is one area that has not been taken very seriously by states parties. Many have two or more reports outstanding, while some have submitted none. This is a major challenge to the committee's work.

While the process of reporting is thorough, to a great extent it remains in the hands of governments; NGO participation is weak. The examination of states parties' reports is not intended to be adversarial, but should be done in a manner that promotes constructive dialogue between the states parties and the committee.

The African Court on Human and Peoples' Rights is an approach of last resort when all other domestic remedies have failed to provide satisfactory results. Pending the full establishment of the African Court, the African

Commission on Human and People's Rights (the commission, hereafter) is seized with matters of interpretation arising from the application and interpretation of the protocol. The commission was established under Article 30 of the charter. Its primary responsibility is to promote and ensure the protection of human rights on the continent. Its four areas of mandate are: promotional activities, protective activities, the examination of state party reports and the interpretation of the African Charter on Human and Peoples' Rights. It holds regular sessions twice a year in around April and November and can hold extraordinary sessions.

The commission has 11 part-time members. They are independent experts and act in their personal capacity rather than as representatives of their governments. The integration of the protocol into the implementation mechanism of the commission is consistent with the provisions of the charter itself. It will ensure that women whose rights under the protocol have been

---

The entry into force of the protocol reflects a growing awareness that women are equal members of society, and that they are participants not simply beneficiaries in the development process.

---

violated will have final recourse to the African Court to have their rights established and enforced. Furthermore, individuals other than the victims themselves, as well as human rights NGOs, can bring a complaint on behalf of the victims to the court.

One of the challenges facing domestication of the protocol is the multiplicity of legal systems in most African countries. While in a few countries international treaties, once ratified, automatically become part of national law, in most cases they have to be passed by an act of parliament to bring them into effect.

It is encouraging that the constitutive act of the reinvigorated African Union, which replaced the Organisation of African Unity, and the creation of the African Court on Human and Peoples' Rights has emboldened women's rights advocates to press for more vigorous enforcement of international and regional commitments.

Unique features of the protocol

The protocol was drawn up after many other treaties and therefore has the advantage of hindsight. It was able to draw on the best parts of earlier documents while also dealing with issues they omitted. The protocol is closely modelled on CEDAW; there are more similarities than differences between the two. The differences are mainly in those areas that concern African women and that CEDAW mentions in the abstract or not at all. The protocol names specific rights and defines violence against women. Its definition of a woman is comprehensive and includes the girl-child. It is

---

Some of the most serious violations of women's rights in Africa take place in the private sphere of the family and are reinforced by traditional norms and cultural values.

---

culture-specific and therefore very valuable in challenging negative cultural practices. Unlike CEDAW, the protocol places explicit obligations on states to set aside resources to eliminate discrimination against women and to punish people or organisations that practise it.

There was initially stiff resistance to the protocol on the grounds that women in Africa do not need a separate provision, and that a clause on non-discrimination against women in the African Charter on Human and Peoples' Rights would suffice to take care of the women's rights issues that were omitted from it. The charter is perhaps distinct from other regional systems of human rights protection in that it has specific provisions that address the rights of women. This is apart from the commonplace provisions on the rights to equality and freedom from discrimination characteristic of most international instruments of this kind. With regard to the rights of women, the charter provides that 'The state shall ensure the elimination of every discrimination against women and also ensure the protection of the rights of the woman and the child as stipulated in international declarations and conventions' (Article 18 (3)).

However, this provision has been regarded as too general, giving no substance to the rights of women, thereby placing these rights in a situation that has been described as a 'legal coma'. Addressing the rights of women alongside those of children is also criticised. While recognising that both women and children have been victims of enduring violence, it raises the question of why the latter are equated with the former. Nevertheless, the charter is seen as creating the bedrock for the protection of women's rights in Africa. It provides a basis from which states have to account for the status of women and the protection of their rights within national legal systems. And it enjoins African states to take positive steps to ensure that their national laws and policies seek or result in the attainment of these two primary goals. Since then there have been significant developments towards a more comprehensive legal regime for the protection of women's rights in Africa, resulting in the drafting of the protocol to the charter.

The protocol can be a tool that forces states to prioritise legislative measures to eliminate harmful traditional practices. It provides a foundation on which human rights acquire legality in the African context, and a basis for assertions that African women's rights to equality are no longer contested. What is critical at this point is to see greater dynamism from domestic courts, the charter and the African Court on Human and Peoples' Rights in giving meaning and precedence to the protocol.

The protocol attempts to invigorate the charter's commitment to women's equality by adding rights that it omitted and by clarifying governments' obligations. Only one of the charter's more than 60 articles makes specific reference to women. These are some of its shortcomings:

- Its failure to define explicitly discrimination against women
- Its lack of guarantees concerning the rights of women to consent to marriage and equality in marriage
- Its emphasis on traditional values and practices that have long impeded the advancement of women's rights in Africa.

Some of the most serious violations of women's rights in Africa take place in the private sphere of the family and are reinforced by traditional norms and cultural values. Article 17 (2) and (3) of the African Charter on Human and Peoples' rights states that every individual 'may freely take part in the cultural life of *his* community', and that 'the protection and promotion of morals and traditional values recognized by the community shall be the duty of the state'. The only specific reference to women's rights is contained in a clause concerning the family and the upholding of tradition, thereby reproducing the tension that plagues the realisation of women's rights in Africa. Indeed, the charter has been interpreted as protecting customary and religious laws that violate women's rights, such as their rights to equality and non-discrimination, to life, liberty and the security of the person, and to protection from cruel and degrading treatment.

The protocol recognises women as individual human beings rather than members of communities or families. It deals with discrimination in both the public and private realms and targets both direct and indirect discrimination. It also moves equality from an abstract concept to something that states parties are expected to take concrete measures to address.

Most importantly, however, the protocol offers a real remedy for women at the regional level. It gives women victims of human rights violations somewhere to turn, providing them with practical access to bodies which will understand the implications of their experience. But this potential will only be realised if states parties ensure that they protect women's rights in practice and work to implement the commitments they have made.

The campaign: Solidarity for African Women's Rights (SOAWR)

While acknowledging the scale of the challenges, I also want to celebrate our achievements by recognising the efforts of Solidarity for African Women's Rights (SOAWR), a coalition that has been working tirelessly to advance the cause of the protocol.

SOAWR is a regional network of 26 civil society organisations and development partners working towards the promotion and protection of women's human rights in Africa.[1] Since its inauguration in 2004, SOAWR's main focus has been to get those countries that have not yet ratified the protocol to do so urgently, while at the same time encouraging those that have ratified it to domesticate and implement it at the national level. SOAWR also works to persuade countries that have ratified the protocol with reservations to remove harmful reservations that would constitute a denial of some of the most important freedoms and rights of women recognised in the protocol.

SOAWR has been using all the instruments at its disposal and has capitalised on every opportunity to move the campaign forward: writing petitions, direct advocacy with national and regional leaders, mobile phone SMS service, publications in different languages, AU pre-summit civil society forums, public forums, press conferences, coloured rating cards, and so on. SOAWR is

> *Mainstream international human rights standards are defined in relation to men's experiences and are stated in terms of discrete violations of rights in the public realm, whereas most violations of women's rights take place in the private realm.*

currently documenting the advocacy strategies it has used in its campaigning. This was an idea which came from a meeting of SOAWR members immediately after the pre-summit activities they organised in Accra, Ghana, in June 2007. They decided to document their efforts to provide a clearer understanding of what was being done to encourage ratification and domestication of the protocol, and to offer inspiration and a means of action to the Africa-wide movement for the endorsement and domestication of the protocol.

I hope that SOAWR will continue to create a platform for debate and dialogue on the disjuncture between international instruments and their national implementation in Africa and to identify strategies that researchers, activists, and government officials can apply to bridge that gap. Gender activists should also join their voices to civil society coalitions such as SOAWR to continue calling for the removal of the structural barriers that face women.

Obstacles and challenges

The domestication and further ratification of the protocol have been slowed by a lack of political will. Even though most countries have established national gender machineries, these are weak and lack adequate authority, capacity, human resources and funding. This is coupled with inadequate skills in gender analysis among planners and implementers, and limited gender awareness within communities.

The African Court on Human and Peoples' Rights, which is an important tool in interpreting the protocol, is not yet fully functional. Even when it is, access to it by civil society organisations, which have been the main champions of the protocol, will be limited to those countries that have signed a declaration to facilitate such action.

31

Women's participation in politics and decision making remains low, and this slows down their influence on governments to carry out their obligations under the protocol. Women's access to justice is further inhibited by illiteracy and ignorance of their rights and how to access them. Some cultural and traditional practices continue to hold back progress in realising the provisions of the protocol.

Most of the human rights instruments set a ceiling and a floor as frameworks that women can use to combat discrimination in its many forms. However, these tools in themselves are not perfect. For example, the language employed in some of them is either too complicated or too broad or both; this could create problems of interpretation, especially at the national level. They also fail to address the issue of recourse in cases of non-compliance. It has been said that they can only bark because they lack the teeth they need to bite. The consequences of non-compliance and non-enforcement need to be built into them.

Another problem is the strategy of placing reservations on some key provisions. This negates the principle of women's rights as first and foremost being inalienable, integral and indivisible.

One other obstacle that has been identified at the national level is that few lawyers are aware of the protocol and are therefore unable to cite it in support of their arguments. Not many law students take up courses in gender and the law where these are part of the curriculum, hence their ignorance about the protocol and other women's rights instruments.

Lessons learned

Effective implementation of international human rights standards for women has depended so far on the will of individual states. Cultural and religious practices are often used to undermine the implementation of provisions concerning women's rights. Reliance on the good will of governments to implement international agreements has not yielded positive results. CEDAW was seen as foreign, but even though the protocol is home-grown, our governments have not treated it differently as far as implementation is concerned.

Women's empowerment requires a higher level of involvement by women in governance and decision making. Systemic and structural barriers that prevent them from participating in decision making at all levels need to be removed.

The media can play an important role in promoting equality. Women's press and communications initiatives and the use of technology to promote women's activities should be supported.

The proliferation of instruments has also been cited as a possible factor hindering compliance because each one requires a different reporting and accounting procedure, thereby placing a huge burden on states. There is also inadequate dissemination of information about these instruments at the local level.

A number of African states have bound themselves to international human rights instruments, but only a few have actually taken steps to make them enforceable within their countries. It seems that our governments ratify such instruments not because of a political commitment to their content, but

---

There is no denying that it is very important to have these commitments on paper as markers of progress. What is more important though is using them to ensure actual change in the lives of women.

---

because of political expediency and in order to maintain a good image. The failure to domesticate these commitments remains a big problem.

The multiplicity of laws in different countries is such that most countries will have to enact new legislation to domesticate the protocol after ratification. A number of countries that have ratified the protocol, such as South Africa and Mauritius, did so with harmful reservations, signifying their unwillingness completely to abandon practices that discriminate against women. The legitimacy of entering reservations on the treaties may be questionable because of the substance of such reservations.

Mainstream international human rights standards are defined in relation to men's experiences and are stated in terms of discrete violations of rights in the public realm, whereas most violations of women's rights take place in the private realm. The public/private dichotomy that is so detrimental to women's rights continues to exist.

The drafters of the protocol were very much influenced by the contents of CEDAW as well as the work of the CEDAW committee. It is therefore obvious that to ensure effective implementation of the protocol, Africa should draw on the experience of the CEDAW committee.

Conclusion

It is evident from the preceding paragraphs that the adoption of the protocol is a significant development that will ensure the full integration of women's human rights within the overall human rights framework in Africa. The protocol will allow both the African Commission and the African Court on Human and Peoples' Rights to elaborate how the rights recognised under it should be guaranteed in real-life situations.

The role of international instruments and other initiatives cannot be underestimated. Broad legitimacy beyond the nation state has created some leverage to pursue the gender agenda. However we are faced with growing failure to translate these instruments into reality in the domestic context. The gap between the commitments and their implementation is becoming ever larger, raising the question: what needs to be done? We should consider both individually and collectively what we can do to ensure that implementation takes place.

There is no denying that it is very important to have these commitments on paper as markers of progress. What is more important though is using them to ensure actual change in the lives of women. We have to be careful that the gains won in Beijing are not turned back.

Recommendations

There needs to be a specialist body similar to the CEDAW committee to monitor implementation of the protocol. The African Commission on Human and Peoples' Rights, in its work to monitor the charter, has not paid enough attention to the protocol. Even though it has appointed a Special Rapporteur on the Rights of Women, this office needs more human and financial resources to carry out its mandate effectively. States parties are bound by Article 26 of the protocol to report on progress in its implementation, but they are not likely to take this seriously if they are not required to report to a particular body specifically set up to monitor the protocol.

The teaching of women's rights should be incorporated into the curriculum of law faculties as a core discipline, to ensure that lawyers leave school knowing not only national laws but also regional and international instruments that protect women's rights.

Women's rights organisations and coalitions such as SOAWR should be supported to monitor implementation of the protocol. They should be assisted financially to participate in commission meetings and to prepare shadow reports when country reports are being considered.

Steps should be taken to institute in full the African Court on Human and Peoples' Rights without further delay.

Women should be encouraged to participate in political processes at all levels and in portfolios that have significant policy roles. Members of parliament also have an important role to play in passing legislation, initiating private members' bills and demanding ministerial statements on obligations undertaken.

The media could also contribute by disseminating information on the progress of the protocol and its benefits to citizens so that they can demand implementation.

All the rights in the protocol are interrelated, interdependent and indivisible. Thus the violation of any one of them affects the enjoyment of all the others. Countries should be encouraged to ratify the protocol without registering reservations.

Our leaders and policy makers should resolve to change not only what is outside of them, but also what is inside them as far as attitudes to gender equality are concerned. With a redefined notion of power and equality we will be able to bring about change.

Note
1 African Women's Development and Communication Network (FEMNET), Equality Now-Africa Regional Office, African Centre for Democracy and Human Rights Studies (ACDHRS), Women in Law and Development in Africa, Akina Mama wa Afrika, Inter-African Network for Women, Media Gender and Development (FAMDEV), Fahamu, Oxfam GB, Burkina Faso-Voix de Femmes, Djibouti-UNFD, Guinea Conakry-CPTAFE, Kenya-Coalition on Violence Against Women, FIDA-Kenya, Mali-AJM, Mozambique-Muhler Forum and FDC, Namibia-Sister Namibia, Nigeria-Women's Rights Awareness and Protection Alternatives (WARPA) and HURILAW, South Africa-Centre for Human Rights, University of Pretoria, Sudan-Strategic Initiative for the Horn of Africa, Education Centre for Women in Development, and the Babikar Badri Scentific Association for Women, Inter-African Committee on Harmful Traditional Practices, Ethiopia.

Bibliography
Arusa, M.K. (1998) *Human Rights Protection in the African Regional System*. Pretoria
Benedek, W. et al, (2002) *Human Rights of Women*. New York: Zed Books
Inter-Parliamentary Union (2003) *Handbook for Parliamentarians: The Convention on the Elimination of All Forms of Discrimination Against Women and its Optional Protocol*. Geneva: UN Publications
UN (1995) 'Platform for Action and the Beijing Declaration'. UN Department of Public Information, New York

Waldorf, L. (2004) *Pathway to Gender Equality: CEDAW, Beijing and the MDGs*. UNIFEM/
German Federal Ministry for Economic Cooperation and Development
Westhuizen, C. van der (ed) (2005) *Gender Instruments in Africa: Critical Perspectives and Future
Strategies*. South Africa: Institute for Global Dialogue
World Bank Gender and Development Group (2003) 'Gender Equality and the Millennium
Development Goals'. Washington DC: World Bank <http://www.worldbank.org/gender/>

REFUGEES AND
DISPLACED PEOPLE IN AFRICA

AN INTERVIEW WITH COMMISSIONER BAHAME TOM MUKIRYA NYANDUGA, SPECIAL RAPPORTEUR ON REFUGEES AND DISPLACED PERSONS IN AFRICA

A commissioner responsible for upholding the African Charter on Human and Peoples' Rights talks to Hakima Abbas about Africa's commitment to protecting refugees and his belief that democratic states that tolerate diversity do not experience the conflict that generates the displacement of their citizens.

Hakima Abbas (HA): Please would you give us a brief overview of the situation of refugees and displaced people in Africa?

Bahame Tom Mukirya Nyanduga (BTMN): The situation of refugees and displaced people in Africa by and large reflects the political, economic and historical landscape of the continent. Over the last five decades many African countries have experienced instability of one kind or the other.

There are those countries which attained independence through the armed struggle. Their citizens were displaced because of colonial and racist repression and in the wars of liberation that followed. Then there are those countries which experienced military and one-party rule, which invariably suppressed civil and political rights. Opposition politicians and sections of society which expressed opposition to undemocratic rule, such as student movements, trade unionists and the general population, were subject to gross human rights violations.

For a better part of the period from the early 1960s until today, the continent has experienced civil wars based on ideological, ethnic or religious differences. The 1994 genocide in Rwanda marked the worst form of violation of human rights, the intended purpose being the extermination of the Tutsi ethnic minority. We are currently experiencing conflicts in the Darfur region of Sudan, Somalia, Central Africa Republic, Chad, and the north-east part of the DRC, causing serious human rights violations. All these conflicts have created refugees and internally displaced people (IDPs).

We cannot lose sight of the factors responsible for these situations. In fact, they should be lessons on how best to avoid conflict and therefore reduce displacement. The refugee population in Africa has gone down drastically in recent years, because many conflicts have been resolved and the respective states have adopted democratic reforms and democratic constitutions and have held successful elections. I can mention Liberia, Sierra Leone, Burundi and the DRC as examples, although there are still pockets of conflict in the DRC. The displacement of people in Northern Uganda is less of a problem now because of the peace talks between the government of Uganda and the Lord's Resistance Army rebels. The security situation in Northern Uganda has improved so much that the government is closing some of the camps that it had established and displaced people are going back to their villages.

The same cannot be said for those countries where conflicts continue and where the numbers of IDPs continue to rise. Africa, the poorest continent of all, has the distinction of hosting the largest number of IDPs in the world, estimated at about 13 million people, or more than half the global total of 25 million people.

I must stress that these figures represent the majority of people who are displaced by conflict. There are other causes of displacement in Africa which happen regularly, such as development projects and natural disasters. Those displaced by conflict or natural disasters invariably receive humanitarian assistance, whereas those displaced by development projects receive little compensation even though their livelihoods are destroyed for good. It is high time that our governments adopted positive measures to assist all victims of displacement in order to restore their dignity and sustain development and stability.

HA: What mechanisms are in place to guarantee the rights of refugees and displaced people in Africa? Why is there a need for a regional mechanism? Are the international systems not sufficient?

BTMN: The African regional mechanism for guaranteeing the rights of refugees and IDPs is found in basic regional legal instruments and institutions. The constitutive act of the African Union reiterates the need to promote and protect respect for human rights and condemns all forms of action likely to lead to violations of human rights, such as unconstitutional access to power.

The African Union has established institutions such as the African Human Rights Commission [the commission, hereafter], the African Human Rights Court, and the Peace and Security Council, all of which have mandates to protect human rights in Africa.

Speaking of refugees, we must first of all recognise the 1969 OAU Convention Governing the Specific Aspects of Refugee Problems in Africa. This was the foremost instrument which localised international refugee law in African realities. The convention was adopted at a time when Africa was experiencing the fight against colonial and racist regimes and the first wave

It is high time that our governments adopted positive measures to assist all victims of displacement in order to restore their dignity and sustain development and stability.

of ethnic conflict, the two major causes of refugee outflows at that time. It expanded the definition of a refugee in Africa to include a person fleeing from external and colonial occupation and domination. It included causes other than those defined by the 1951 Geneva Convention. In other words, and in answer to the question, the regional system was established in response to particular problems and characteristics of Africa.

But secondly, and more importantly, the regional instruments do not substitute for the international system. They operate in tandem. The 1969 convention states that it complements the 1951 convention and recognises the importance of international cooperation in dealing with African refugee problems. The African Charter on Human and People's Rights [the charter, hereafter] states specifically that it draws inspiration from international instruments.

It is in this context that the UNHCR, the United Nations agency responsible for refugees worldwide, has worked closely with affected African states to respond to refugee situations. The African Union (and the OAU before it) also works closely with the UNHCR. Through its executive council and commission (formerly the OAU Secretariat), it has established an institutional and policy framework to ensure that refugee issues are given an appropriate response.

The African Charter on Human and Peoples' Rights established the right to seek and receive asylum, which may be enjoyed by any individual who is persecuted. It also recognises the right to return to one's own country. The charter established the African Commission on Human and People's Rights, which receives complaints against states and makes determination on violations of the charter, including where refugee rights are concerned. The idea of establishing these mechanisms is to develop a culture of respect and protection for all human rights, including the rights of refugees and displaced people.

The commission established the special rapporteur mechanism for refugees and IDPs in order to highlight their plight on a continuous basis

---

Every state has a responsibility
under international law to protect its citizens.
This responsibility does not cease when a person
is displaced from their village or town.

---

and sensitise governments about the need to find durable solutions to these problems. The rights of African refugees are also recognised in other regional instruments, such as the Protocol on the Rights of Women, and the Charter on the Rights and Welfare of the Child in Africa.

As far as IDPs are concerned, I must emphasise that the responsibility to protect them rests squarely on the state of which they are citizens. IDPs are citizens who remain on a state's territory when they flee a part of the country which is affected by conflict, natural disaster or a development project. Every state has a responsibility under international law to protect its citizens. This responsibility does not cease when a person is displaced from their village or town. It is the duty of a state to continue to ensure the human dignity, physical security and integrity of IDPs. International humanitarian assistance, as and when it is necessary, will continue to be provided to ameliorate the living conditions of IDPs during their displacement. However, this does not relieve the state of its primary responsibility to protect and assist them, and to ensure that they are safe and can return to their habitual places of residence or are resettled once the conditions which forced them into displacement improve.

In order to entrench the rights of refugees and displaced people there must be wider dissemination of information about all these instruments, because at the root of the problem is a lack of respect for the rights of these people at the community or national level.

HA: Where is the intersection and divergence between refugee law and human rights law in Africa?

BTMN: Intersection and divergence between refugee law and human rights law is not a peculiarly African issue. The analysis I have set out above is not a distinction between refugee law and human rights law. Nor am I suggesting that Africa treats these cases differently. If anything, one must speak of intersection rather than divergence. Africa recognises that refugee law is part of human rights law. The African refugee experience introduced certain concepts which until 1969 were not known to international refugee law. This was a result of historical and political conditions peculiar to Africa, which I explained earlier, as well as the conditions in which African refugees lived. These were experiences unknown at the time the international 1951 convention was drawn up.

The restatement of a number of legal principles in the 1969 convention – such as that asylum is a humanitarian act and shall not be considered an unfriendly act, that refugee camps shall be located at a reasonable distance from the border of the home state, and that refugee involvement in subversive activities is expressly prohibited – reflected very particular African situations and concerns, where armed conflicts and civil wars were conducted by liberation movements and groups from territories in states neighbouring the home countries. The legal principles and practices which have evolved through the African refugee experience, such as the principles of voluntary repatriation and those mentioned earlier, now form part of the core principles of international refugee law.

HA: What are the challenges in guaranteeing the rights of refugees and displaced people in Africa?

BTMN: In my view, the first major challenge is intolerance of diversity and inattention to the plight of the victims. African states that recognise diversity of opinion, nationality and ethnicity do not experience the same problems as those that are preoccupied by ethnicity or eschew political pluralism.

41

Without a proper sense of nationhood, these problems will continue to occur. African states which have embraced democratic reforms and accountable forms of political and economic governance, and recognised racial and ethnic diversity as well as plurality of political views, do not experience conflicts caused by political or economic mismanagement, nor the refugee and internally displaced situations that follow.

The second challenge is the level of poverty in all African states, and the inadequate social and economic provisions within society that this entails. This may lead to the marginalisation of some sections of the population which in desperation become involved in conflict, hence creating refugees and IDPs. Lack of resources can also lead to a failure to provide for refugees' basic needs in the countries of asylum.

The third challenge is a lack of knowledge on the part of refugees, IDPs, and the general population about their basic legal rights, such that they cannot advocate or demand them when they become refugees and IDPs.

HA: What is your role and mandate as Special Rapporteur on Refugees and IDPs in Africa?

BTMN: My mandate is outlined in a resolution adopted by the commission in December 2004 during its 36th session held in Dakar, Senegal. It requires me to study and highlight the plight of refugees, asylum seekers, internally displaced people and migrants in Africa, to engage African states and governments, the African Union and the international community, and consider strategies to reduce these problems by making recommendations through the commission. It involves work with different stakeholders, as stated above, including civil society and national human rights institutions, to address and focus attention on these problems in order to try and find lasting solutions to them.

My role is therefore one of facilitator, helping bring the human rights issues and problems encountered by these specific groups of African people to the attention of their governments and the African Union. The role of special rapporteurs is very flexible. It enables them to respond to any of the aforesaid situations depending on the access they are accorded by the organisation and states responsible, with whom they must interact in order to promote awareness about the problems facing these groups and to protect their rights.

HA: How do you feel that your role as special rapporteur, and the work of the African Commission on Human and People's Rights more broadly, has affected the situation of refugees and displaced people in Africa?

BTMN: It is not for me to assess my role as special rapporteur. This I will leave to other observers. In any case it was one of the later mechanisms established by the commission, in 2004, unlike others which had been established a number of years earlier. I am the first person to hold it, so there was no experience to learn from. However, let me say that I feel that I have contributed, to a certain extent, to bringing visibility to human rights and to the issues facing refugees, IDPs and migrants in particular. My role has made it possible for these issues to be discussed at every commission session, since my reports are a regular part of the agenda.

In terms of the role and impact of the commission, it has made a number of decisions concerning complaints submitted on behalf of refugees, one of them concerning the mass refugee expulsion from Rwanda in the early 1990s. The commission found that Rwanda had violated the African Charter on Human and People's Rights in expelling Burundian refugees. More recently it found Guinea in violation of rights in a complaint brought on behalf of refugees from Sierra Leone. The commission recommended that the two states find a solution to these violations.

The commission's reports of activities are submitted to the AU summit every six months, which means that all states parties to the charter closely follow the activities of the special rapporteur and of the commission in general. I am confident therefore that, through our work, all our stakeholders recognise that much still needs to be done in protecting the rights of all these people.

HA: The recent debate around continental unity at the African Union saw many advocating for a borderless Africa. How would African citizenship affect the plight of refugees and internally displaced people in Africa? Is this an effective solution to the issue?

BTMN: Let me state that any answer that I will give to this question reflects my personal views, and is not an answer in my capacity as special rapporteur. This is because the larger question, or the 'grand debate', has not been raised for discussion within the commission, and therefore I cannot assume to speak on behalf of it.

Theoretically speaking, the answer to your question would be that a borderless Africa would precipitate an African citizenship, which means freedom of movement for all Africans from Cape to Cairo, and Dar es Salaam to Dakar, and therefore the absence of refugees. In other words, an African unity government would mean the absence of inter-state and intra-state conflicts. There could still be internally displaced people, because people are likely to be displaced from causes other than internal conflict.

The problem, in my view, is that in several countries on the continent the intolerance to diversity which I explained earlier makes it difficult for democratic values to thrive. The repression of opposition groups illustrates this point. Many African states, including the leading proponents of this debate, lack the

Africa has made positive gains in a number of areas... there is definitely progress in developing a culture of democracy and human rights.

kind of political and economic liberalism which gives rise to a divergence of political views and a culture of freedom of expression and opinion. Very few general elections are held on the continent without allegations of vote rigging, intimidation and outright disdain for the opposition.

Therefore, much as I am a believer in continental unity, I am not a proponent of unity at the expense of stability and the need for shared social, economic and political values. A rushed union without basic shared values, such as unequivocal respect for fundamental human rights, will create a worse situation. For me, the ultimate test of continental unity will be when the objectives and principles enshrined in the constitutive act of the African Union and the NEPAD programmes, including the African Peer Review Mechanism, become a reality for all 53 AU member states, and when the processes of the regional economic communities are implemented in good faith. If these minimum standards are hard to achieve, then it is my gut feeling that African unity is still far ahead of our time. If these programmes succeed, then a foundation will have been laid for sustainable continental unity.

HA: Under President Nyerere, Tanzania had an open policy on refugees and displaced people in Africa that provided for broad assimilation into Tanzanian society. This policy seemed to maintain stability in the country despite the flares of conflict that spread throughout the region. Present-day

South Africa, on the other hand, has a very closed policy toward refugees and migrant workers, which the government justifies as a means to maintain national stability. How do national policies toward refugees and displaced people affect political stability, and what are the ideal policies that governments must adopt?

BTMN: The refugee policy of any state is informed not only by the obligations it has assumed under international and regional instruments but also by the material conditions obtaining in the country at the time the policy is adopted and implemented. In comparing the refugee policies pursued by President Nyerere's government with those adopted by the later South African government we must recognise that they were informed by different conditions and epochs. Many of the refugees during President Nyerere's time came from Southern and Central Africa. Members of liberation movements trained and went to fight for the freedom of their countries. The refugees from Central Africa did not fight their home states until the 1990s, and they did not do so from Tanzanian soil.

It must be said as well that, as a result of hosting refugees for the last five decades, the open door policy pursued by the Tanzanian government has changed. A number of factors may have accounted for such a shift. Assistance to refugees in Africa decreased in the early 1990s when the international donor community shifted its support and assistance to Eastern Europe after the collapse of the communist regimes there. Secondly, security issues associated with the conflicts in the Great Lakes region became problematic in areas where refugee camps were located, which was not the case in the early 1960s to the mid-1980s. The conflicts of the 1960s and 1970s did not significantly affect the people living in the Tanzanian border regions. The exceptions were a few cases of the Portuguese colonial army bombing Southern Tanzania. But since the 1990s, acts of banditry associated with the flow of small arms in the Great Lakes region have affected many communities close to the refugee camps and beyond. This has had a negative impact on the local people, some of whom have become proponents of anti-refugee policies.

On the other hand, after the democratisation of South Africa, its government had to contend with an influx of refugees and economic migrants. The fact that the democratic government had to deal with the inequities of the apartheid era, and make provision for the majority of its people who had lived in conditions of poverty for a century, must not be overlooked. It is my hope that as she faces the challenge of dealing with

45

refugee issues, in particular the dire political and economic situation across her northern border, and since she is the leading economy in Africa, South Africa's refugee policy will distinguish genuine refugees from economic migrants, while addressing these very serious concerns. The government must also undertake sensitisation campaigns to encourage tolerance by its people towards foreign citizens, particularly those from African countries beset by conflicts, such as Somali asylum seekers who are said to be subject to victimisation by unknown assailants.

Persistent conflict in refugees' home country cannot foster political stability in their host country. The instability experienced in Northern Uganda for about 20 years was linked to its support for the Sudan People's Liberation Movement, which led Sudan to support the Lord's Resistance Army. The resolution of one conflict has created conditions for the resolution of the other. The same is true of the Darfur conflict vis-à-vis those in Chad and the Central African Republic. Resolution of the Darfur conflict is likely to lead to resolution of the others, all of which have generated major refugee and IDP situations.

Tanzania and many other African states, such as Angola, Chad, Kenya, Uganda, Sudan, Guinea and Zambia, have borne the brunt of hosting refugees despite their poor economies and to the detriment of their land and environment. This has never been quantifiable in monetary terms, yet it has not discouraged them from fulfilling their responsibilities towards refugees.

States must respect the rights of their citizens and their obligations to protect them. Where a refugee or IDP situation arises as a result of conflict, the country's political leadership must seek peaceful solutions rather than embark on military strategies. Experience in many conflicts in Africa, such as in Burundi, DRC, Liberia, Mozambique, Sierra Leone and Southern Sudan to mention but a few, shows that military solutions do not succeed. The peace and stability we have seen in these countries is because they have been underpinned by peace agreements rather than outright military victories.

HA: Some might say that given the continuing human rights violations that plague the continent, including for instance the situation in Darfur, the African human rights system is a failure. Would you agree?

BTMN: I don't think that the answer to this question is as simple 'yes' or 'no'. The situation in Africa is more complex than that. I outlined earlier the historical and political aspects of the human rights situation in Africa.

We have to recognise that Africa has made positive gains in a number of areas. For instance, the number of democratically elected governments on the continent today, compared with 10 or 15 years ago when military or one-party regimes were the norm, is far larger. This does not mean that the level of democratic governance on the continent is perfect. But there is definitely progress in developing a culture of democracy and human rights.

I stated earlier that the African Union does not recognise undemocratic means of access to power. What does this mean? It means that Africa will not have another Idi Amin or Abacha, hence the kind of violations which were perpetrated then are not likely to recur. What happens now is that, even when there is a 'progressive coup' in an African state, the state is immediately sanctioned and suspended from AU activities. It has to conduct elections within a very short time to restore constitutionality. It is these kinds of measures that are restoring dignity to the system. With these developments, the remnants of undemocratic tendencies and the conflicts that we are seeing in places like Darfur or Somalia are the last kicks of dying horses. Some of them are sustained by ideology or the greed of foreign economic interests. None of them serves the interests of the people.

The human rights system in Africa reflects African realities. I mentioned one of the challenges to the guarantee of human rights in Africa being lack of resources. The institutions which have been established to protect human rights on the continent cannot be condemned as failures when we know the capacity and resource limitations. I may add another challenge: political will is necessary to make them effective. The establishment of the Peace and Security Council and its proactive involvement with the Darfur and Somali conflicts should not be underestimated. The contribution of peace monitoring troops by a number of African states to assist in the resolution of these conflicts must be recognised as part of the system for dealing with these conflicts.

My analysis does not paint a picture of a continent plagued by conflict, but of one where conflicts are on the decrease. For me, the system is in evolution, not a failure. If you look at it carefully you will see successes, however small. After all, Rome was not built in a day.

HA: In November the African Commission on Human and People's Rights will celebrate its 20th year of existence. What do you feel has been the greatest accomplishment of the commission in this time?

BTMN: The greatest accomplishment in my view is the fact that the commission has continued to exist, increased its visibility, and carried out its mandate under very difficult circumstances. The lack of resources has not diminished the commitment of the members of the commission and its staff to continue working within the limitations imposed on them by political circumstances and budgetary constraints. Human rights issues in Africa, as is the case everywhere else, are very politically emotive. They touch on the sensitivities of states and governments.

By commenting on the various human rights concerns across Africa in the form of decisions rendered on communications, or by conducting investigations during missions and publishing resolutions on the human rights situation in a number of African states, the commission has been able to influence official policies in these countries as well as opinion throughout the continent and elsewhere about what is happening.

I believe that there is still great scope for enhancing the visibility of the commission and the accomplishment of its promotion and protection mandate, resources permitting.

HA: Moving forward, what do you think would strengthen the work and impact of the commission?

BTMN: The commission cannot carry out many of its plans because of lack of resources. More resources will ensure that it recruits the best staff for the secretariat. This also requires political will from member states and the African Union Commission, both of which are responsible for ensuring that adequate resources and competent staff are put at its disposal.

Finally, the states parties to the African Charter on Human and People's Rights must cooperate with the commission. There is no point in having a commission if it cannot point out violations of the charter, but when it does so it is labelled a tool of external interests. The yardstick to any finding of violations is the facts on the ground and how they relate to the obligations assumed by member states under the charter.

HA: How can civil society and citizens in Africa help to guarantee the rights of refugees and displaced people on the continent?

BTMN: As I stated elsewhere, dissemination of the charter as well as all other regional and international human rights instruments will enable people to know their rights. I believe that dissemination is best done by civil society because they regularly interact with people at different levels. The citizenry has a corresponding duty to learn and understand their rights and respect the rights of others. An ignorant citizenry is not good for democracy or for human rights. The introduction of human rights education must be a priority pursued by civil society and the general population. This is a long-term process which needs to be started immediately. I hope that when the culture of human rights is entrenched we shall see less and less conflict and, as a consequence, no more refugees or internally displaced people.

REGIONAL PROTECTION
OF CHILD RIGHTS IN AFRICA

MIREILLE AFFA'A MINDZIE

The African Union has established institutions and laws for safeguarding the rights of children in Africa, but African governments have yet to prove their commitment to doing more than multiplying these legal mechanisms.

Children have the right, without discrimination, to special care and protection from their family, society and the state.[1] While practices such as child labour have a long history in Africa, and particular cultural or traditional practices have a negative impact on the health and development of thousands of children, it is nonetheless true that African children have traditionally received care and protection from their parents and care-givers.

Modernisation has brought with it a wide range of abuses endured by African children, such as economic and sexual exploitation, gender discrimination in education and access to health, and their involvement in armed conflict. It is estimated that sub-Saharan Africa has the highest child labour rate in the world, with approximately 80 million children, or 41 per cent of those under the age of 14, working.[2] These figures are influenced by factors such as migration, early marriage, differences between urban and rural areas, child-headed households, street children and poverty. Furthermore, while child mortality on the continent declined between the 1970s and early 1990s, this trend has since reversed. Endemic diseases such as malaria and tuberculosis have undermined efforts to mitigate and stall the spread of HIV/AIDS.[3] It is estimated that 19,000 African children die daily from easily curable diseases, and that 80 per cent of the world's HIV-positive children under the age of 15 live in Africa.[4] With regard to violent conflict, up to 100,000 children, some as young as nine, were thought to be involved in armed conflict in mid-2004.[5]

To address the issue of child abuse and ensure better protection of children, member states of the Organisation of African Unity (OAU) have developed laws and institutions to monitor and advocate for child rights. In July 1990 African governments adopted the African Charter on the Rights and Welfare of the Child.[6] The African Committee of Experts on the Rights and Welfare of the Child (ACERWC), the supervising organ of the charter, is the main mechanism for promoting and protecting the rights of children in Africa. With the transformation of the OAU into the African Union (AU) and the new emphasis placed on human rights and popular participation, the continental protection of children has moved from political rhetoric to legal and judicial safeguards. This paper will look at how ACERWC can be strengthened so as to implement its mandate effectively. It will analyse the mechanisms that have been put in place to ensure better protection of children's rights in Africa, and consider what remains to be done for this protection to be seen on the ground.

Towards effective protection of children's rights in Africa

The African Charter on the Rights and Welfare of the Child is the first regional and comprehensive binding instrument proclaiming the human rights of children. The adoption of the charter closely followed that of the United Nations Convention on the Rights of the Child (UNCRC). The charter was justified on several grounds, including the multiple compromises that were necessary to achieve adoption of the UN convention, the limited participation of African countries in its drafting, and the consequent lack of consideration given to situations particular to Africa. The charter proclaims a series of rights encompassing civil rights and fundamental freedoms, economic, social and cultural rights, and specific rights for the protection of children in the African context.

Some of the specific features of the charter include a stronger definition of the child than in the UN convention, strict prohibition of the participation of children in armed conflicts, protection of internally displaced and refugee children, protection of imprisoned expectant mothers and mothers of infants and young children, and protection of girls who become pregnant before the end of their education. The charter reiterates the call to eliminate social and cultural practices affecting the welfare, dignity and development of children, including the use of child beggars, child marriage and the betrothal of boys and girls. Like the UNCRC, fundamental principles guiding implementation of these rights include non-discrimination, the best interests of the child, the

51

life, survival and development of the child and child participation. Besides the rights of the child, the charter provides for the responsibilities that every child has, subject to their age and ability, towards family and society, the state and the international community.

The African Committee of Experts on the Rights and Welfare of the Child, established under the charter, is mandated to ensure the promotion and protection of the rights enshrined in the charter, to monitor their implementation, to interpret the provisions of the charter when requested to do so by AU member states, by an institution of the AU, or by any

> *Sub-Saharan Africa has the highest child labour rate in the world.*

other person or institution recognised by the AU or any state party, and to undertake any other task as may be entrusted to it by the assembly of heads of state and government, the chairperson of the commission or any other organ of the AU or the UN. The ACERWC has 11 members elected by the AU Executive Council for a five-year non-renewable term; the first were elected in July 2001. The committee held its first meeting in 2002 in Addis Ababa, and has so far held nine meetings. Its current members represent Botswana, Burkina Faso, Côte d'Ivoire, Egypt, Ethiopia, Kenya, Lesotho, Mali, Nigeria, Senegal and Togo.

The committee is competent to examine periodic reports from states parties on the measures they would have adopted to give effect to the provisions of the charter, to consider individual communications or complaints on any matter covered by the charter, and to investigate any matter falling within the ambit of the charter. The committee has so far received five state reports, from Egypt, Kenya, Mauritius, Nigeria and Rwanda.[7] It is to consider two individual communications alleging the violation of child rights in Uganda and Kenya. Promotional visits and missions have been undertaken in countries such as Madagascar, Namibia, Sudan and Northern Uganda, and future missions are planned to the DRC, Liberia, São Tomé and Príncipe, Tunisia and Zambia.

Criticisms have surrounded the creation of the committee as a specific institution charged with the promotion and protection of children's rights, alongside the existing African Commission on Human and Peoples' Rights.[8]

Inadequate funding and resources for the committee since it was established have raised further questions about the need for a separate child rights mechanism in Africa. For instance, no permanent secretary for the committee has so far been appointed according to Article 40 of the charter.[9] Since its first members were elected it has been deprived of the staff needed to implement and co-ordinate its activities. The body relies for the most part on an overloaded AU Department for Social Affairs. During its ninth meeting, the AU commissioner for social affairs suggested that the committee reduce its meetings from two to one a year until it is provided with a fully functional secretariat.[10] It also lacks sufficient funding to support its programmes and activities. For the past five years the committee has survived thanks to the generosity of international agencies such as UNICEF and international NGOs including Save the Children Sweden and Plan International. Other civil society partners, such as the Banjul-based Institute for Human Rights and Development in Africa, have been instrumental in developing legal documents necessary for the committee to implement its mandate.

For the committee to grow as an independent and effective mechanism for advocating and monitoring children's rights in Africa, it should be taken more seriously by the AU. In other words, the committee should be provided with all the resources needed to discharge its mandate. It should also be linked to other AU human rights organs, namely the African Commission and the African Court on Human and Peoples' Rights, as well as to the overall continental political framework.

The ACERWC within the African Union architecture

Effective protection of child rights in Africa requires harmonised interaction between different elements of the continent's overall human rights framework. More specifically, for the committee to succeed in the short to medium-term, closer links should be forged with existing mechanisms for promoting and protecting human and child rights. The committee has started collaborating over state reporting procedure with similar organs, such as the UN Committee on the Rights of the Child, and at the regional level with the African commission and the African Court on Human and Peoples' Rights.[11] Given the similarity of most of their functions and procedures, this collaboration should be taken further.

For instance, the committee could benefit from the court's years of experience. The commission could inspire the committee with regard to implementing its promotional and protective mandate. The committee could further benefit from the long-standing relationship developed between the commission and civil society organisations, namely human rights NGOs. In this regard it is important to note that at its 9th meeting, the committee decided that from its 11th meeting the participation of NGOs would be linked to their preliminary application for, and granting of, observer status.[12] The committee has adopted criteria for granting observer status to civil society organisations and is encouraging the formalisation of its partnership with NGOs. However, since it relies significantly on the engagement of civil society to disseminate the charter and publicise its mandate and work, thus supporting and strengthening its overall structure, restricting participation of NGOs to those granted observer status has the potential to weaken its meetings, both in terms of their frequency and content.

Beyond the collaboration initiated and encouraged between the committee and the commission, it is proposed that the two should work towards establishing an integrated human rights body, mandated to promote and protect both general and specific human rights in Africa, including children's rights.[13] Membership of such a combined body could be increased from 11 to 18 people. Besides rationalising the promotion and protection of human rights within the African Union, the proposed merger would help to centralise funding. It would also clarify the collaboration of both the Child Rights Committee and the commission with the court and, in future, the African Court of Justice.

The African Court on Human and Peoples' Rights was created under the 1998 Protocol to the African Charter on Human and Peoples' Rights, with the aim of strengthening the protective mandate of the African Commission on Human and People's Rights. Although the protocol establishing the court was adopted before the children's charter entered into force, the document set out the competence of the court over relevant international and regional human rights instruments ratified by African governments,[14] including the African Charter on the Rights and Welfare of the Child. However, the protocol did not specify the modalities of collaboration between the court and the committee. In July 2004, the decision of AU member states to merge the court with the proposed African Court of Justice provided an opportunity expressly to envisage the relationship of the committee (and the commission) with the court. In that sense, the draft Merger Protocol on the African Court of Justice and Human Rights expressly recognises the African Committee of Experts on the Rights and Welfare of the Child.

As with the commission, the committee will play a key role in the court's seizing.[15] This is confirmed by Article 29 of the draft merger protocol, which specifies that the court shall have jurisdiction over all cases and legal disputes submitted with regard to the interpretation of the African Charter on Human and Peoples' Rights, the Charter on the Rights and Welfare of the Child, the Protocol to the African Charter on Human and Peoples' Rights on the Rights of Women in Africa, and any other legal instrument relating to human rights that is ratified by AU member states.[16] As well as states parties to the merger protocol, African inter-governmental organisations, national human rights institutions, and individuals or relevant NGOs accredited to the AU or to its organs, the African commission and the African Committee of Experts shall

For the committee to grow as an independent and effective mechanism for advocating and monitoring children's rights in Africa, it should be taken more seriously by the AU.

be entitled to submit cases to the court on any violation of a right guaranteed by the African Charter, by the Charter on the Rights and Welfare of the Child, the Protocol to the African Charter on Human and Peoples' Rights on the Rights of Women in Africa, or any other legal instrument relevant to human rights ratified by the states parties concerned. The statute also indicates that the court shall bear in mind complementarity with the African Commission on Human and Peoples' Rights and the committee when drafting its rules of procedure.[17] The first session of the African Court of Justice, held in Banjul in July 2006, started with briefing sessions on the commission and the committee.[18] The court has since started drafting and has adopted part of its rules of procedure. Collaboration between the main regional human rights mechanisms should thus be further encouraged.

As the central judicial organ of the AU, the court will help reinforce the legal value of the recommendations adopted by the committee in relation to cases of violations of children's rights in Africa. The court's decisions shall be final and have a binding effect. Unlike the commission and the committee, the court may, after establishing that violations of rights have occurred, order

55

appropriate measures to be taken to remedy the situation; this can include the granting of fair compensation.[19] Moreover, although the committee was established as part of the AU framework, the constitutive act of the AU makes no direct reference to it. By expressly stating that the AU executive council shall be notified of the court's judgments and monitor their execution on behalf of the assembly, Article 44 of the merger protocol will help to reinforce the legal protection of human and child rights on the continent.

Political support for child protection

Beyond the collaboration of the committee with other AU human rights mechanisms, effective protection of children in Africa calls for stronger interaction of the committee with the continent's administrative and political institutions. For instance, the AU Commission, through specific departments and commissioners' offices, namely the Office of the Commissioner for Social Affairs, Political Affairs and Peace and Security, has a crucial role in publicising the AU's concern for children in Africa, as well as putting the issue on the agenda of the AU's political institutions. Moreover, the permanent representatives' committee, the executive council, and the AU Assembly should strengthen their involvement in issues affecting children in Africa. Unambiguous support should be given to the committee when adopting its budget, electing its members, and adopting and following up its activity report. As the supreme organ of the AU,[20] and the primary enforcer of reports and recommendations from its other organs,[21] the AU Assembly of Heads of State and Government further has the power to monitor the implementation of the AU's policies and decisions concerning children,[22] as well as ensuring compliance of all member states through peer pressure.[23]

The new AU peace and security architecture provides another opportunity to strengthen the protection of African children, specifically those affected by war. The objectives of the Peace and Security Council include the anticipation and pre-empting of armed conflicts, as well as the prevention of massive violations of human rights.[24] The council also aims to promote and encourage democratic practices, good governance, the rule of law, human rights, respect for the sanctity of human life, and international humanitarian law.[25] These objectives could support advocacy for children's rights within the overall prevention of conflict, monitoring of the rights of children caught up in armed conflict, and supervision of child reintegration processes and promotion of child rights within regional peace-building and post-conflict reconstruction processes.[26]

Finally, monitoring institutions and mechanisms such as the Pan-African Parliament,[27] the Conference on Security, Stability, Development and Cooperation in Africa (CSSDCA),[28] and the New Partnership for Africa's Development (NEPAD) and its related African Peer Review Mechanism (APRM),[29] can play a key role in harmonised protection of human and child rights in Africa. The CSSDCA process aims to consolidate the work of the AU in the areas of peace, security, stability, development and cooperation. It provides a forum for the elaboration and advancement of common values within the AU's main policy organs. Through the CSSDCA's 'stability calabash', which focuses on the need for democratisation, good governance and popular participation within member states, and mainly through its 'development calabash' that addresses the improvement of general standards of living,[30] the committee could inform the CSSDCA process and contribute to monitoring and facilitating implementation of the AU strategy in terms of these themes. Under the NEPAD initiative and its Peer Review Mechanism,

African governments are yet to prove their commitment to child rights beyond the mere multiplication of instruments and mechanisms.

the promotion and protection of the rights of the child and young people is one of the nine key objectives of the 'Democracy and Good Political Governance' thematic area. This aims to ensure that African constitutions reflect democratic principles and provide for demonstrably accountable governance and political participation. The African Charter on the Rights and Welfare of the Child, the UN Convention on the Rights of the Child and, in principle, the new African Youth Charter, provide standards to monitor these objectives. At the end of the APRM process, reports on countries reviewed should be tabled and publicly considered by the committee, as is intended for the African Commission on Human and Peoples' Rights and other key regional and sub-regional structures.

In conclusion, there are clear efforts under way to protect child rights in Africa. However, much more needs to be done for children to participate effectively in the continent's efforts to achieve sustainable peace and development. African governments are yet to prove their commitment to child rights beyond the mere multiplication of instruments and mechanisms.

Notes

1 Article 24 of the International Covenant on Civil and Political Rights, adopted and opened for signature, ratification and accession by General Assembly resolution 2200A (XXI) of 16 December 1966 <http://www.ohchr.org/english/law/ccpr.htm#art24> accessed 27 August 2007.

2 Andvig, J., Canagarajah, S. and Kielland, A. (2001). 'Issues in Child Labor in Africa", Africa Region Human Development Working Paper Series, World Bank <http://siteresources. worldbank.org/AFRICAEXT/Resources/child_labor.pdf> accessed 27 August 2007.

3 UAPS Fifth African Population Conference, 10-14 December 2007, Arusha, Tanzania. Theme: Emerging Issues in Population and Development in Africa <http://www.uaps.org/cadre/5thAfricanPopulationConferenceAnnounceEnFr.pdf> accessed 27 August 2007.

4 <http://www.abaana.org/resources/statistics.cfm> accessed 27 August 2007.

5 Coalition to Stop the Use of Child Soldiers <http://www.child-soldiers.org/childsoldiers/some-facts> accessed on 5 September 2007.

6 OAU Doc. CAB/LEG/24.9/49 (1990), entered into force in November 29, 1999. By June 2007 the charter had been ratified by 41 countries <http://www.africa-union.org/root/au/Documents/Treaties/Text/A.%20C.%20ON%20THE%20RIGHT%20AND%20WELF%20OF%20CHILD.pdf> accessed 6 September 2007.

7 African Union, 9th Meeting of the African Committee of Experts on the Rights and Welfare of the Child, 29-31 May 2007, Addis Ababa, Ethiopia, draft report.

8 Gutto, S. (2001) 'The reform and renewal of the African regional human and peoples' rights system', *African Human Rights Law Journal* 2, 175-184.

9 The committee was provided with a temporary Secretary for six months in 2004.

10 Report on the Ninth Meeting of the ACERWC.

11 Members of the committee of Experts have regularly been invited to ordinary sessions of the African Commission on Human and Peoples' Rights, and the Chairperson of the commission attended a meeting of the Child Rights Committee. Seventh Meeting of the African Committee of Experts on the Rights and Welfare of the Child: Interim Report of the Institute for Human Rights and Development in Africa, Addis Ababa, 19-21 December 2005, unpublished.

12 African Union, 9th Meeting of the African Committee of Experts on the Rights and Welfare of the Child, 29-31 May 2007.

13 Report of the Brainstorming Meeting on the African Commission on Human and Peoples' Rights, 9-10 May 2006, Corinthia Atlantic Hotel, Banjul, The Gambia, African Union Commission on Human and Peoples' Rights. Also see Mireille Affa'a Mindzie, 'Les conséquences de la fusion de la Cour africaine sur les droits de l'homme et des peuples et la Cour de Justice de l'Union africaine sur la procédure de communications individuelles devant le Comité africain d'experts sur les droits et le bien-être de l'enfant', Banjul, July 2005, unpublished.

14 See Articles 3 and 4 of the 1998 Protocol.

15 See Article 5 of the 1998 Protocol.

16 Draft Protocol on the Statute of the African Court of Justice and Human Rights, Meeting of the Permanent Representatives Council and Legal Experts on Legal Matters, 16-19 May 2006, Addis Ababa, Ethiopia, EX.CL/211 (VIII) Rev. 1.

17 Also see article 8 of the 1998 Protocol which requires that there should be 'complementarity between the Commission and the Court' when determining their Rules of Procedure.

18 Activity Report of the Court for 2006, Assembly of the African Union, Eighth Ordinary Session, 29 and 30 January 2007, Addis Ababa, Ethiopia, Assembly/AU/8 (VIII).

19 Article 46 of the Merger Protocol.

20 Art. 6 (1) and (2), Constitutive Act of the African Union <http://www.africa-union.org/root/au/AboutAU/Constitutive_Act_en.htm> accessed 7 August 2007.

21 Art. 9 (1) (b) of the AU Constitutive Act.

22 Article 45 (2) ACRWC.

23 Art. 9 (1) (e) of the AU Constitutive Act.

24 Protocol relating to the Establishment of the Peace and Security Council of the African Union <http://www.africa-union.org/root/au/Documents/Treaties/Text/Protocol_peace%20and%20security.pdf> accessed 7 August 2007.

25 Article 3 (f) of the PSC Protocol.

26 Article 14 of the PSC Protocol.

27 Articles 5 (c) and 17 of the AU Constitutive Act.

28 Solemn Declaration AHG/Decl.4 (XXXVI) on the Conference on Security, Stability, Development and Cooperation in Africa (CSSDCA), adopted by the 36th Ordinary Session of the Assembly of Heads of State and Government of the OAU, held in Lomé, Togo, from 10 to 12 July 2000.

29 Declaration AHG/Decl.1 (XXXVII) on the New Partnership for Africa's Development (NEPAD), adopted by the 37th Ordinary Session of the Assembly of Heads of State and Government of the OAU, held in Lusaka, Zambia, from 9-11 July 2001.

30 See Background on the Conference on Security, Stability, Development and Cooperation in Africa (CSSDCA), Department of Foreign Affairs, Republic of South Africa, June 2002 <http://www.au2002.gov.za/docs/background/cssdca.htm> accessed 26 June 2007.

FREEDOM OF EXPRESSION IN AFRICA

AN INTERVIEW WITH COMMISSIONER FAITH PANSY TLAKULA, SPECIAL RAPPORTEUR ON FREEDOM OF EXPRESSION IN AFRICA

The member of the African Commission on Human and Peoples' Rights with special responsibility for freedom of expression talks to Hakima Abbas about how the African rights system works and the challenges it faces.

Hakima Abbas (HA): Please could you provide us with a brief overview of the situation of freedom of expression in Africa.

Faith Pansy Tlakula (FPT): It's difficult to give an overview of the situation in Africa as a whole. As I have pointed out several times since my appointment, the standards exist in principle and freedom of expression is indeed protected in Africa by different instruments. So, as far as the adoption of instruments is concerned, there doesn't seem to be an issue. However, in practice, freedom of expression is not yet a reality for many people on the continent so the issue is implementing the existing principles. While the media in Africa has begun to act as a cornerstone of democracy and source of balanced information in some states, there is clearly still place for improvement in the right to freedom of expression.

In my reports to the African Commission on Human and Peoples' Rights (the commission, hereafter), I have repeatedly expressed my concerns over reports of alleged violations of the right to freedom of expression in a number of African states and I am constantly receiving a considerable number of such reports.

These allegations included, but were not limited to:

- Harassment, threats and intimidation of journalists and media practitioners, undue political interference with the media, victimisation of media houses deemed critical of government policies, seizure of publications and destruction of equipment, and closure of private media establishments

- The adoption of repressive laws or amendments to existing legislation that limit freedom of expression and the free flow of information
- Reports of disappearances, arbitrary arrests and detention of journalists and media practitioners, who in some cases are held incommunicado and for extended periods of time without charges or due process of law
- The murder of journalists with impunity, torture and other forms of ill-treatment and death in custody of journalists and media practitioners.

HA: What mechanisms are in place in Africa to guarantee freedom of expression?

FPT: The African Commission on Human and Peoples' Rights was established in 1987 by virtue of Article 30 of the African Charter on Human and Peoples' Rights (the charter, hereafter) with the specific mandate to promote human and peoples' rights and ensure their protection in Africa. The promotional mandate of the commission involves education and sensitisation with a view to creating a culture of respect for human rights on the continent. The protective mandate of the commission entails essentially the receipt and

While the media in Africa has begun to act as a cornerstone of democracy and source of balanced information in some states, there is clearly still place for improvement in the right to freedom of expression.

consideration of complaints alleging human rights violations. In addition to these two main mandates, the commission is also empowered to interpret the charter at the request of a state party, the African Union (AU), or an institution recognised by the AU.

Under Article 9, the charter guarantees every individual the right to receive information and express and disseminate their opinions within the law. Although this right is considered as a cornerstone of development, its protection under the charter could be said to have been severely watered down by the clawback clause inserted within the same article. Indeed, while the first paragraph provides for an unlimited right for every individual to receive information, the right of every individual to express and disseminate their opinions within the law, as provided for in paragraph 2, may be interpreted by some states in a manner that unreasonably limits it.

Aware of the importance of upholding respect for the right to freedom of expression to the nurturing of democracy, human rights and sustainable development, and faced with many violations of the right to freedom of expression, the commission has, throughout the years, adopted various measures to strengthen the promotion and protection of this right.

One of the first initiatives taken by the commission was through pronouncements and recommendations made in the context of individual communications. Indeed, the African Commission on Human and Peoples'

One should not be too pessimistic, however, as the progress and achievements made over the last few decades deserve neither to be underestimated nor forgotten.

Rights has, through its communication procedure and the broad interpretation powers it enjoys under the charter, developed jurisprudence on human and peoples' rights in general, and the right to freedom of expression in particular.

The commission has also dealt with issues of freedom of expression in Africa through resolutions and declarations and by promoting dialogue with member states when states' reports are being considered, or when commissioners make promotional and fact-finding missions to member states.

Moreover, at its 32nd ordinary session held in Banjul, Gambia in October 2002, the commission adopted, by resolution, the Declaration on Principles of Freedom of Expression in Africa. The declaration sets out important benchmarks and elaborates on the precise meaning and scope of the guarantees of freedom of expression laid down under Article 9 of the African Charter on Human and Peoples' Rights.

In view of the situation of the right to freedom of expression in Africa, the African Commission on Human and Peoples' Rights initially appointed a Special Rapporteur on Freedom of Expression in Africa in December 2004. I was appointed as mandate-holder in December 2005.

The state of freedom of expression on the African continent prompted the commission to adopt a resolution in November 2006. Expressing its concerns over the current situation, the commission called on member states to:

take all necessary measures in order to uphold their obligations under the African Charter on Human and Peoples' Rights and other international instruments, including the Universal Declaration of Human Rights and the International Covenant on Civil and Political Rights providing for the right to freedom of expression

but also to:

extend their full collaboration with the mandate of the Special Rapporteur on Freedom of Expression in Africa, in order to strengthen the right to freedom of expression on the African continent and work towards the effective implementation of the principles enshrined in the Declaration of Principles on Freedom of Expression in Africa and other applicable human rights standards in the region in order to achieve this goal.

Finally, in order to ensure effective implementation of the charter, the AU established the African Court on Human and Peoples' Rights (the court) under the Protocol to the African Charter on Human and Peoples' Rights establishing an African Court on Human and Peoples' Rights (the protocol). The protocol was adopted in June 1998 and entered into force in January 2004. Twenty-three states have ratified the protocol so far and the court is now operational. The court will act in an adjudicatory and advisory capacity. According to the preamble and Articles 2 and 8 of the protocol, the court complements the protection mandate of the commission under Article 45 (2) of the charter. Unlike the commission, the court's decisions are binding and final and not subject to appeal.

Under Article 3 of the protocol:

1. The jurisdiction of the Court shall extend to all cases and disputes submitted to it concerning the interpretation and application of the Charter, this Protocol and any other relevant Human Rights instrument ratified by the States concerned.
2. In the event of a dispute as to whether the Court has jurisdiction, the Court shall decide.

The court can therefore enforce other human rights treaties ratified by African states.

The protocol also allows the court to issue advisory opinions, in accordance with Article 4, which provides that:

> 1. At the request of a Member State of the OAU, the OAU, any of its organs, or any African organisation recognised by the OAU, the Court may provide an opinion on any legal matter relating to the Charter or any other relevant human rights instruments, provided that the subject matter of the opinion is not related to a matter being examined by the Commission.
>
> 2. The Court shall give reasons for its advisory opinions provided that every judge shall be entitled to deliver a separate or dissenting decision.

Besides, the court may also 'try to reach an amicable settlement in a case pending before it in accordance with the provisions of the Charter'.

HA: What are the challenges of guaranteeing respect for freedom of expression in Africa?

FPT: Obviously, there are many challenges but they also differ from country to country. In some cases, it could be lack of understanding of the principles, and in others, a total disregard for them, which shows the importance of adopting a country-specific approach to this issue.

As I mentioned earlier, African states are obliged to uphold the existing principles of freedom of expression. They have to ensure respect for the rights recognised by the African Charter on Human and Peoples' Rights and to support the African Commission on Human and Peoples' Rights in its work to guarantee the implementation of the charter. Moreover, Principle XVI of the Declaration of Principles on Freedom of Expression in Africa clearly provides that: 'States Parties to the African Charter on Human and Peoples' Rights should make every effort to give practical effect to these principles'.

One should not be too pessimistic, however, as the progress and achievements made over the last few decades deserve neither to be underestimated nor forgotten. These achievements, which include the adoption of the Declaration of Principles on Freedom of Expression in Africa and the appointment of a Special Rapporteur on Freedom of Expression, simply need to be seen as the ground on which we now have to build an African continent characterised by free media and the free flow of information.

HA: What is your role and mandate as Special Rapporteur on Freedom of Expression?

FPT: In a nutshell, my role as special rapporteur is to monitor freedom of expression in Africa and report to the African Commission on Human and Peoples' Rights accordingly. My role includes monitoring violations of the right to freedom of expression on the continent, recommending to the commission measures to address the violations and assisting AU member states to review their national media laws and policies to comply with the principles set out in the declaration. Part of my mandate is also to take

> *Realistically, the situation on the continent will not change overnight but we have to be optimistic and use our strengths and build on our achievements to move forward.*

action on behalf of alleged victims of violations of the right to freedom of expression, including by sending appeals to member states, asking them for clarifications on reports forwarded to me by different reliable sources.

In addition to, and in conformity with, the relevant resolutions of the commission, my work reflects the provisions of the African Charter on Human and Peoples' Rights, the Declaration of Principles on Freedom of Expression in Africa as well as other relevant international and regional human rights instruments including the Universal Declaration of Human Rights (especially Article 19), the International Covenant on Civil and Political Rights (especially Article 19), as well as other treaties, resolutions, conventions and declarations relating to the right to freedom of opinion and expression.

According to the resolution on the mandate and the appointment of a special rapporteur on freedom of expression in Africa, my mandate includes:

- Analysing national media legislation, policies and practice within member states, monitoring their compliance with freedom of expression standards in general and the Declaration of Principles on Freedom of Expression in particular, and advising member states accordingly
- Undertaking investigative missions to member states where reports of massive violations of the right to freedom of expression are made and making appropriate recommendations to the commission
- Undertaking country missions and any other promotional activity that would strengthen the full enjoyment of the right to freedom of expression in Africa
- Making public interventions where violations of the right to freedom of expression have been brought to the rapporteur's attention. This could be in the form of issuing public statements, press releases, or urgent appeals;
- Keeping a proper record of violations of the right to freedom of expression and publishing this in reports submitted to the commission
- Submitting reports at each ordinary session of the commission on the status of the enjoyment of the right to freedom of expression in Africa.

In the conduct of this mandate, it is possible and, I believe, highly desirable for me to hold meetings with government officials to make recommendations about applying accepted standards of freedom of expression. This advisory role is crucial to the success of this mandate; I hope member states will gradually come to see it as a useful tool in helping them to comply with their obligations under international human rights law.

HA: What is the relationship between the special rapporteur and the African Commission on Human and Peoples' Rights?

FPT: It is a very close relationship. Indeed, unlike United Nations special rapporteurs, for instance, who are independent experts, the special rapporteurs are members of the commission, actual commissioners, who are appointed to a specific mandate. This means that I am not only the Special Rapporteur on Freedom of Expression in Africa but I am also one of the 11 members who form the commission.

Besides, in view of the fact that we work part-time as commissioners, the bulk of the work is entrusted to the secretariat of the commission. The secretariat, for instance, will assist in the preparation of missions, drafting of mission reports and speeches, undertake research, hold organising workshops and seminars, raise funds for activities, etc. At the moment, there is one legal officer at the secretariat who is specifically assigned to my mandate.

HA: What impact have your role as special rapporteur, and the work of the African Commission on Human and People's Rights more broadly, had on human rights for the people of Africa?

FPT: The work of the commission has had an impact in several ways as you can see from my responses to the previous questions. For instance, under its promotional mandate, the commission raises awareness about the existing human rights standards and can assist in elaborating on these standards. For instance, as far as the right to freedom of expression is concerned, I

The commission is the forum where NGOs, individuals and other alleged victims of human rights violations can have their voices heard.

could mention the adoption of the Declaration of Principles of Freedom of Expression, which elaborates on Article 9 of the African Charter on Human and Peoples' Rights. The declaration is indeed a good example of the impact of the work of the commission in general and of the mandate of the Special Rapporteur on Freedom of Expression in Africa in particular, which has been key in the elaboration of the declaration.

HA: Some might say that, given the continued human rights violations that plague the continent, the African human rights system including the commission is a failure. Would you agree?

FPT: Of course, I would disagree that the system is a failure. Obviously, huge challenges remain, but we also have to look at the achievements, even if these sometimes appear very limited compared to the challenges. Realistically, the situation on the continent will not change overnight but we have to be optimistic and use our strengths and build on our achievements to move forward instead of thinking about our past mistakes – some might say failures – unless we are looking back only to learn from these past experiences.

HA: What do you see as the challenges and strengths of the African Commission on Human and Peoples' Rights?

FPT: I think that we all know about the challenges, including limited resources (financial and personnel), which create a lot of other difficulties. However, since we are celebrating the 20th anniversary, I would like to focus on the strengths of the commission, which include its 'accessibility'. The commission is the forum where NGOs, individuals and other alleged victims of human rights violations can have their voices heard. It is also the place where a true dialogue can be initiated between member states and alleged victims or organisations that want to bring a situation to the attention of the public at large. It is noteworthy that since the last ordinary session, the number of NGOs enjoying observer status with the commission has reached 367 and that the number of national human rights institutions with affiliate status has also grown over the years.

HA: In November 2007, the African Commission on Human and People's Rights will be celebrating its 20th year of existence. What do you feel has been the greatest accomplishment of the commission?

FPT: Increased sensitisation and recognition of the work done by the commission by different stakeholders. To have existed for 20 years is an achievement indeed, but at the same time, 20 years is a rather short period for an institution with a mandate as wide and far-reaching as that of the African Commission on Human and Peoples' Rights, given all the challenges it has to face. We must look at what has been achieved so far, take stock and fix ourselves realistic objectives for the future.

HA: Moving forward what do you think would strengthen the work and impact of the ACHPR?

FPT: I have mentioned the increased recognition of the work done by the commission, but there is a need for the commission to reach a wider, grassroots audience. I believe that the better the mandate and work of the commission are understood by everyone on the continent, and abroad, the greater the legitimacy of the commission and consequently the more collaboration it will receive from AU member states. We need to build more bridges.

HA: How can civil society and citizens in Africa help to ensure freedom of expression on the continent?

FPT: There is an obvious need for civil society, NGOs and other actors including me as Special Rapporteur on Freedom of Expression in Africa, to keep raising awareness of the principles of freedom of expression in Africa, to campaign for the implementation of the relevant instruments and to call on governments to respect their obligations under international human rights law by bringing their laws in line with international standards. Civil society and the citizens of Africa can also help in collaborating with my mandate by, for instance, continuing to send in information on alleged violations of the rights.

Only collaboration between all the actors involved, including, obviously, the full participation of the states, can ultimately lead to full respect of the right to freedom of expression on the African continent, and so the real co-existence of nations based on the principles of democracy. Indeed, together we can help states implement these principles by adopting a culturally sensitive approach, taking into account the different situations prevailing in each country and region of the continent. That is where the importance of raising awareness becomes truly relevant and where the work of a mandate such as mine draws all its significance.

CELEBRATING MINOR VICTORIES? ZIMBABWE AT THE AFRICAN COMMISSION ON HUMAN AND PEOPLES' RIGHTS

OTTO SAKI

The case of Zimbabwe has provided an excellent example of the flaws and the achievements of Africa's own system for defending its citizens' human rights against attacks from their own governments.

Introduction

The situation in Zimbabwe has continued to degenerate and attract widespread attention.[1] The African Commission on Human and Peoples' Rights (the commission, hereafter) is an intergovernmental organisation which has been seized with several appeals about violations of human rights over freedom of expression, torture, politically motivated violence, undermining of the judiciary and independent national mechanisms and forced evictions under the guise of clean-up campaigns. There have been interventions over breaches and affronts against the African Charter on Human and Peoples' Rights (the charter, hereafter) to which Zimbabwe is a party.[2] The level, nature and extent of intervention by the commission have been argued over, particularly its mandate, how it is carried out and nature of its recommendations. States parties, including Zimbabwe, have abused or utilised what would be ordinarily institutional formulation of the commission and charter at the expense of the progressive development of African jurisprudence and institutions.

While Africa is perceived to have the worst human rights abuses, its human rights mechanisms either remain heavily inadequate or, as in most cases, are deliberately and overtly undermined by state actions. This undoubtedly makes a mockery of the efforts of those who provide their services as commissioners and as judges before the African Court on Human

70

and Peoples' Rights (the court, herafter). The commission has gone through a remarkable phase of growth and has experienced its fair share of challenges, but it is safe to say its value as an African institution is second to none. For some states it has become a 'source of marvel' and for others a 'source of pain', but one cannot at this juncture wish the commission away.

Sessions of the commission

The work of regional and sub-regional intergovernmental human rights institutions remain very closely knitted with the work of human rights organisations, and Zimbabwe is no exception. Through the granting of observer status, organisations are recognised not only by the commission but effectively by the African Union. Currently, more than seven[3] organisations with observer status before the commission have been involved in the implementation of the charter in Zimbabwe.[4] The commission's work on Zimbabwe gained significant momentum during its 31st session, when Zimbabwe topped the agenda during the NGO forum. As a result the

While Africa is perceived to have the worst human rights abuses, its human rights mechanisms either remain heavily inadequate or, as in most cases, are deliberately and overtly undermined by state actions.

government of Zimbabwe agreed to accept a fact-finding mission into its human rights record.[5] The African NGO Forum met ahead of the commission and adopted the first statement on Zimbabwe. The commission was further seized of the communication from the Zimbabwe Human Rights NGO Forum, making it the first substantial communication on Zimbabwe.[6]

With the commission's decision to send a fact-finding mission, Harare became more and more aggressive in its public stance on human rights organisations and the commission itself. This marked the beginning of increased verbal attacks on the commission and the commissioners, sadly with the African Union providing little or no defence, at least publicly, of the work of the commission.[7] This made it possible for some to assume that the attacks on the commission were justified whereas in fact they were uncalled for and completely inappropriate.

Fact-finding mission to Zimbabwe

The commission conducted its first fact-finding mission to Zimbabwe from 24 to 28 June 2002.[8] Several meetings were held with government ministries, notably home affairs and justice, members of the judiciary, human rights advocates and lawyers, as well as various civil society organisations.

When the report was presented to the government of Zimbabwe, unparalleled attacks and criticisms of the commission were published: *The Herald*, a state-controlled newspaper, wrote on 6 July 2004: 'According to the sources, the [African Commission] report was similar to reports produced by the British-funded Amani Trust, which is well-known for its anti-Zimbabwe stance and falsifying the situation in the country.' An editorial in *The Sunday Mail* on 11 July stated: 'Reading through the [African Commission's] report one detects the hand of a known Zimbabwean lawyer and the Amani racists.'[9]

In another related diatribe the papers bemoaned:

> Pan-Africanists who want to take seriously the Organisation of African Unity (OAU) and its successor, the AU, find the debate over the fraudulent report quite confusing and demoralising because of the failure of the African journalists, especially, to go beyond the shallow events in the story: that is, that the African Commission on Human and People's Rights held some hearings and produced a fraudulent report with the assistance of the British, other donors and some racist (non-governmental organisations) NGOs. What is missing from the story is the fact that this report is the latest in a series of lies, especially about and against Zimbabwe.[10]

Several other statements were later made by government spin doctors, attacking the work of the commission.

The report of the fact-finding mission was adopted by the commission in its 17th Activity Report. The government of Zimbabwe created unprecedented havoc when the report was being adopted by the Executive Council of Ministers, and effectively the African Union.[11] Zimbabwe was allowed to provide additional responses to the report, which was eventually adopted by the African Union, along with Zimbabwe's response, almost three years later.[12] The findings of the commission remain largely unimplemented and rights are being further undermined.[13]

Following the forced evictions of May 2005, the United Nations dispatched a special envoy on human settlement, while the African Union hurriedly sent in its Special Rapporteur on Internally Displaced Persons, Refugees and Asylum Seekers. The government of Zimbabwe would not allow the special rapporteur to carry out any field visits, arguing that proper procedures of the African Union had not been followed.[14] The African Union envoy spent a week in 'solitary confinement' in his hotel, an unfortunate development given the importance of regional institutions.

Communications and special mechanisms

The various mechanisms under the commission, including the special rapporteurs on human rights defenders[15] and on freedom of expression,[16] have responded to the apparent increase in attacks on human rights defenders, women activists and journalists. However, the problem with these mechanisms, as in similar systems, is the failure to provide adequate human

This marked the beginning of increased verbal attacks on the commission and the commissioners, sadly with the African Union providing little or no defence, at least publicly, of the work of the commission.

and financial resources to follow through most of the appeals. Governments have to a large extent taken the urgent appeals seriously, and the Zimbabwe government seems to have responded to most of the appeals, though it is arguable whether the responses addressed the issues raised or merely created excuses for continued violations under the guise of maintaining law and order.

The commission conducted a hearing on Zimbabwe under Article 46 of the charter,[17] which allows the commission to use any mechanism to investigate human rights in a state party. In its usual display of disdain for any practical and critical work of the commission, the delegation from

73

The African Union envoy spent a week
in 'solitary confinement' in his hotel,
an unfortunate development given the
importance of regional institutions.

Zimbabwe refused to participate in the meeting, citing unfair practices and procedural irregularities. It is interesting to note that during the same session the delegation from Zimbabwe was distributing print editions of *New African* magazine and two reports produced by the Zimbabwe Republic Police (ZRP).[18] The credibility of the national police and in particular its intelligence gathering have been challenged.[19]

It is arguable that, after the communications submitted on Nigeria during the military regime, Zimbabwe currently has the largest number of communications before the commission. The subjects of the petitions range from freedom of expression, to forced evictions, the independence of national institutions such as the judiciary, extra judicial and summary killings, torture, and inadequate legislative and constitutional mechanisms.[20]

Victories before the commission

Working with the commission has been simultaneously challenging and rewarding. Of the communications submitted, at least one has been concluded in which the government of Zimbabwe was found to have violated provisions of the charter. In April 2006, the commission issued provisional measures in respect of the forced evictions, directing the government to take urgent and appropriate measures to obviate the general deterioration of the health of terminally ill individuals who due to forced evictions carried out under Operation Murambatsvina had no access to anti-retroviral treatment.[21] The government was also asked to ensure that school-age children were able to sit their final exams, and to provide shelter and medical treatment for the elderly and the sick.[22]

While the procedures of the commission badly need reform, it is critical to note the importance of its decisions on the admissibility of a communication. In no fewer than four separate incidents, the commission has ruled communications submitted from Zimbabwe as admissible. These decisions provide irrefutable evidence of the inadequacies of human rights protection in Zimbabwe; they also imply the absence of effective domestic remedies for the rights violations alleged in the communications. Such decisions are an indictment of the judiciary as well as an unequivocal indicator that the judiciary and the justice delivery system in Zimbabwe no longer guarantee enjoyment of universally recognised human rights and fundamental freedoms.[23]

In Communication 245/02, *Zimbabwe Human Rights NGO Forum/Republic of Zimbabwe*, the commission made recommendations about the election-related violence of 2000 and 2002 as well as the violence orchestrated during the chaotic land reform. In a statement the NGO Forum noted that the:

> Commission found the Government of Zimbabwe in violation of articles 1 and 7 of the African Charter. This means that the Government of Zimbabwe had violated the right to protection of the law and that it failed to put in place measures to ensure the enjoyment of these rights by Zimbabweans. The endorsement of the decision by the African Union is recognition by African Heads of States that there are human rights violations in Zimbabwe.

Political interference and undermining the work of the commission

With civil society and human rights organisations recording such public success, the government of Zimbabwe has begun to pay more attention to the commission. With like-minded countries that have equally poor human rights records, it attacks, undermines and ridicules the work of the commission, through subterfuge and unfounded interpretation of the rules of procedure of the African Union and the commission. Such procedural theatrics caused the delays in the publication of the report of the fact-finding mission of 2002, as well as the decision of Communication 245/05. With the latter, the government of Zimbabwe made submissions to the commission well after the completion of all inquiries and hearings. Of concern are the African Union leadership's acquiescence and conspicuous silence;[24] to a large extent the African Union has failed to support the commission from government attacks. The non-implementation of the commission's recommendations remains a paramount concern.

Lessons for Africa

The commission is a creation of the African Union, with a mandate to monitor, promote and protect the rights enshrined in the charter, the same charter which makes it mandatory to implement legislative and administrative mechanisms to deliver the rights in the charter. Because signing up to the charter and similar instruments are voluntary acts, limiting a nation's sovereignty, the commission has a unique status and neither seeks to undermine national institutions such as courts, nor replace them. Zimbabwe has regressed from

---

The commission's decisions provide irrefutable evidence of the inadequacies of human rights protection in Zimbabwe

---

a country that was hailed as the symbol of progress and development to the antithesis of every principle of development, human rights adherence, promotion and protection.

The importance of supra-national institutions in enforcing universal and regional human rights standards remains critical. The weakness inherent in these institutions is an indictment of leadership in Zimbabwe – and in Africa. It remains the prerogative of every progressive citizen of Africa to safeguard these institutions from individuals who have bestowed upon themselves powers to govern, misgovern, build and destroy. Such powers, if unchecked and curtailed by invoking celebrated universal human rights standards, will lead us to bondage and slavery under our kith and kin. That day will indeed be a sad day for humanity and Africa.

Notes

1 Other regional bodies which have attempted or are in the process of taking up the situation in Zimbabwe include the Southern African Development Community (SADC), through their organ on politics, security and defence. The SADC Tribunal is yet to be seized of matters from Zimbabwe.

2 30 May 1986.

3 Zimbabwe Lawyers for Human Rights (ZLHR), Human Rights Trust of Southern Africa (SAHRIT), Media Monitoring Project of Zimbabwe (MMPZ), Media Institute of Southern Africa (MISA) Zimbabwe, Zimbabwe Human Rights Association (ZimRights), Zimbabwe

Association of Doctors for Human Rights (ZADHR), and Zimbabwe Human Rights NGO Forum (NGO Forum).

4 Regard is had to the work of other regional and international NGOs which have been advocating for reforms and protection of rights in Zimbabwe and in some instances providing platforms within their own 'spheres' to air and give space to the work of Zimbabwe-based organisations.

5 31st ordinary session of the commission, 2-16 May 2002, Pretoria, South Africa.

6 Currently there are more than 13 communications on Zimbabwe before the commission, some of which will be dealt with below. However, no substantive discussion of the communications will be made since most of them are still pending.

7 See statement by the Zimbabwe Human Rights NGO Forum: <http://www.hrforumzim. com/press/forum_on_ACHRP_report.html>, last accessed 21 August 2007.

8 The delegation was headed by Commissioner Barney Pityana and Commissioner Jainab Johm with Ms Fiona Adolu, legal officer.

9 Arnold Tsunga, Tafadzwa R Mugabe ZLHR, 'Zim NGO Bill: dangerous for human rights defenders - Betrays High Degree of Gvt Paranoia and Contempt for the Regional and International Community', 28 July 2004. Senior government and ruling party officials have made statements which have incited violence, condoned torture, and encouraged hatred. See report by the Zimbabwe Human Rights NGO Forum: 'Their words condemn them: the language of violence, intolerance and despotism in Zimbabwe' <http://www.hrforumzim. com/special_hrru/Condemned_by_their_own_words.pdf>. See also *The Herald* on 6 July 2004: 'AU Rejects Damning Report on Zimbabwe', Minister of Foreign Affairs said to have 'objected to the presentation of the report saying Zimbabwe had not been afforded the right of reply to the damning allegations as per requirement on such matters', adding that 'The Council of Ministers of the AU comprising the Foreign Ministers of the 53 AU member states, had decided that the commission had not solicited the response of the member state concerned whose response should have been included. The Minister asserts that the commission did not observe protocol as it allegedly sent the report to the Ministry of Justice, Legal and Parliamentary Affairs and not the Ministry of Foreign Affairs'.

10 Dr Tafataona Mahoso wrote in *The Sunday Mail* of 18 July 2004.

11 The summary of the report is available at <http://www.achpr.org/english/activity_ reports/activity17_en.pdf>, last accessed 21 August 2007. The 17th activity report covers the 34th and the 35th ordinary sessions of the commission held from 6-20 November 2003 and from 21 May to 4 June 2004 respectively in Banjul, The Gambia.

12 The report was adopted at the sixth ordinary session 24-28 January 2005 in Abuja Nigeria with Zimbabwe's response annexed.

13 Rule 33 of the Rules of Procedure of the African Union categorises the various types of decisions the African Union can issue and this definition is very relevant to decisions or findings of the commission, Categorisation of Decisions. Rule 33, 1, The decisions of the assembly shall be issued in the following forms: a) regulations: these are applicable in all member states which shall take all necessary measures to implement them; b) directives: these are addressed to any or all member states, to undertakings or to individuals. they bind member states to the objectives to be achieved while leaving national authorities with power to determine the form and the means to be used for their implementation; c) recommendations, declarations, resolutions, opinions etc: these are not binding and are intended to guide and harmonise the viewpoints of member states. 2. The non-implementation of regulations and directives shall attract appropriate sanctions in accordance with Article 23 of the Constitutive Act. However a counter argument can be advanced that the Article 1 of the charter provides 'that states *shall* take necessary legal and

administrative...' indicating the peremptory nature of the provisions of the charter.

14 Several reasons which have not been substantiated were given including the procedural irregularities and miscommunication between Harare and Addis Ababa. However this mission came in the wake of the government of Zimbabwe having been heavily reprimanded for its human rights practices by the commission. See for instance: <http://news.amnesty. org/index/ENGAFR460232005>.

15 See <http://www.achpr.org/english/Press%20Release/press%20release_Zimbabwe2_ en.htm>, last accessed 19 August 2007, <http://www.achpr.org/english/Press%20Release/ press%20release_Zimbabwe_en.htm last>, accessed 19 August 2007.

16 During the session of the commission, the human rights situation has been highlighted extensively including reports from special rapporteurs. See 'The Work of Special Rapporteurs at the African Commission on Human and Peoples Rights' by Otto Saki (unpublished article written for Open Space, OSISA).

17 See the commission's 22nd activity report, item 90, available at: <http://www.achpr. org/english/activity_reports/activty22_eng.pdf>. Article 46 states that 'the commission may resort to any appropriate method of investigation; it may hear from the secretary general of the Organisation of African Unity or any other person capable of enlightening it.

18 The web edition is still accessible from: <http://www.africasia.com/services/specials/ topics.php?topic=Zimbabwe>, last accessed 2 September 2007. The ZRP authored 'detailed' reports of acts of violence carried out by 'Civil Society Opposition Forces in Zimbabwe A Trail of Violence Volume 1' <http://www.moha.gov.zw/violencereport1.pdf>. The first volume mentioned ZLHR, but did not make any specific reference to the work of the lawyers group. Ms Petras, the executive director of ZLHR, requested that the government retract the obviously malicious statements. In response the government through ZRP produced another report focusing on ZLHR called 'Opposition Forces in Zimbabwe The Naked Truth Volume 2' <http://www.moha.gov.zw/violencereport2.pdf>. The Zimbabwe Human Rights NGO Forum has produced a report in response to state reports: 'At Best Falsehood at Worst a Lie', <http://www.hrforumzim.com/special_hrru/At_best_a_falsehood_at_worst_a_lie.pdf>, last accessed 2 September 2007.

19 Fact-finding mission report recommended that institutions such as the police are ideally supposed to be professional. It is worth recalling that some of the units of the police used to gather intelligence were condemned by the commission and recommendations stating that 'Every effort must be made to avoid any further politicisation of the police service.... Activities of units within the ZRP like the law and order unit which seems to operate under political instructions and without accountability to the ZRP command structures should be disbanded.' It is important to extract a recent opinion in *The Herald*: 'Nothing wrong with police, army being partisan', by Godwills Masimirembwa <http://www.herald.co.zw/inside. aspx?sectid=23989&cat=10>.

20 ZLHR has submitted at least eight cases, with several other national and international organisations having submitted at least either other communications. Since most of them are still pending before the commission, details of the communications will not be reproduced. For a brief analysis and summary of the cases see also 'Litigating before the African Commission on Human and Peoples Rights', by Arnold Tsunga and Otto Saki.

21 Operation Murambatsvina/ Drive Out the Filth/ Restore Order was described in the report by the UN Special Envoy on human settlements issues in Zimbabwe that it 'was carried out in an indiscriminate and unjustified manner, with indifference to human suffering, and, in repeated cases, with disregard to several provisions of national and international legal frameworks. Immediate measures need to be taken to bring those responsible to account, and for reparations to be made to those who have lost property and livelihoods.' The report

was equally attacked by the government of Zimbabwe <www.unhabitat.org/downloads/docs/1664_96507_ZimbabweReport.pdf> last accessed August 2007.

22 ZLHR, SAHRIT/ Republic of Zimbabwe Request for Provisional Measures under Rule 111 of the Rules of Procedure of the Commission.

23 See the full statement by ZLHR, 'African Commission Adopts Key Resolution on the Human Rights Situation and Hands Down Decisions in Several Cases against the Government of Zimbabwe' <http://www.zlhr.org.zw/media/releases/jan_04_06.htm>, last accessed August 2007.

24 On 16 March 2007, the African Union issued a statement on Zimbabwe: 'The Chairperson of the commission, Alpha Oumar Konare, has followed with great concern the recent developments in Zimbabwe. The Chairperson of the commission recalls the need for the scrupulous respect for human rights and democratic principles in Zimbabwe, in accordance with the AU Constitutive Act. He urges all concerned parties to commence a sincere and constructive dialogue in order to resolve the problems facing Zimbabwe.'

ABOUT FAHAMU

Fahamu (www.fahamu.org) has a vision of the world where people organise to emancipate themselves from all forms of oppression, recognise their social responsibilities, respect each other's differences, and realise their full potential.

Fahamu supports the struggle for human rights and social justice in Africa through the innovative use of information and communication technologies; stimulating debate, discussion and analysis; distributing news and information; developing training materials and running distance-learning courses. Fahamu focuses primarily on Africa, although we work with others to support the global movement for human rights and social justice. The word 'Fahamu' means 'understanding' or 'consciousness' in Kiswahili.

ABOUT THE AFRICAN UNION MONITOR

The AU Monitor (www.aumonitor.org) aims to strengthen civil society engagement with the African Union. It does this through the provision of high quality, timely information and analysis in the interest of promoting peace, justice, equity and accountability.

ABOUT PAMBAZUKA NEWS

Pambazuka News is the authoritative pan-African newsletter and platform for social justice in Africa, offering comprehensive weekly coverage, cutting edge commentary and in-depth analysis on politics and current affairs, development, human rights, refugees, gender issues and culture in Africa. It is intended as a tool for progressive social change.

Published by Fahamu, Pambazuka News is produced by a pan-African community of some 300 writers and contributor – academics, social activists, women's organisations, social movements, civil society organisations, artists, poets, bloggers and commentators. Since its establishment in 2000, more than 300 issues in English and French have been published, representing some of the most important analyses of current affairs in Africa.

Some 40,000 articles, analyses and news items have been published and stored for free access on an online database, disseminated by email and news feeds, reproduced on numerous websites, and distributed in print form at numerous forums, including African Union summits. Pambazuka News currently has an estimated audience of half a million readers.

You can subscribe to Pambazuka News at www.pambazuka.org or send an email to editor@pambazuka.org with the word 'subscribe' in the subject line.

TABLE DES MATIÈRES

PRÉFACE
MARQUANT LE 20ÈME ANNIVERSAIRE
DE LA COMMISSION AFRICAINE

FIROZE MANJI

L'année 2007 a marqué le 21ème anniversaire de l'entrée en vigueur, en octobre 1986, de la Charte Africaine des Droits de l'Homme et des Peuples adoptée le 27 juin 1981 à Nairobi, Kenya par l'Organisation de l'Unité Africaine (OUA), prédécesseur de l'Union Africaine. La Charte est grêlée par certains pour sa reconnaissance de l'indivisibilité des droits civils et politiques, et des droits économiques, sociaux et culturels - la rendant distincte d'autres traités internationaux de droits humains - et pour être le premier traité de droits de l'Homme de faire référence au droit de développement. Le 20ème anniversaire de l'établissement de la Commission Africaine des Droits de l'Homme et des Peuples devrait donc être un moment non seulement de célébration, mais également de réflexion sur les accomplissements aussi bien que les limitations de la charte et son exécution.

En dépit de la rhétorique au sujet de la primauté des droits humains, la Commission Africaine des Droits de l'Homme et des Peuples a trop souvent échoué de traiter efficacement de grosses violations de droits humains, y compris le génocide au Rwanda et des violations répandues de droits humains dans des guerres civiles à travers le continent, menant aux millions de vies perdues en Sierra Leone, Libéria, la République Démocratique du Congo, pour ne dire rien au sujet de la crise d'escalade au Darfour. Néanmoins, il n'est guère douteux qu'elle a accompli de progrès significatifs pendant les 20 dernières années en dépit de nombreux obstacles dont elle a fait face, pas mineur a été le manque de volonté politique de la part des Etats africains et des ressources excessivement inadéquates que la Commission tient à sa disponibilité pour mener à bien ses travaux.

Les essais dans ce livre font une revue des accomplissements de la Commission depuis son établissement. Dans son essai d'introduction,

Hakima Abbas fournit une vue d'ensemble de la longue route vers les droits humains en Afrique. Korir Sing'Oei Abraham considère l'opposition à l'adoption des droits 'des peuples autochtones', et Roselynn Musa célèbre les accomplissements chez les droits de la femme qui ont été conduits par le mouvement des femmes africaines organisées tout en déplorant le manque de volonté politique des gouvernements d'assurer l'égalité de genre. Mireille Affa'a Mindzie se concentre sur les accomplissements dans les droits de l'enfant, mais indique que beaucoup plus doit être fait pour améliorer la participation des jeunes au développement et à la construction de la paix. Hakima Abbas interroge Commissaire Bahame Tom Mukirya Nyanduga, Rapporteur Spécial sur les Réfugiés, Demandeurs d'Asile et Personnes Déplacées en Afrique et Commissaire Faith Pansy Tlakula, Rapporteur Spécial sur la Liberté d'Expression en Afrique au sujet des défis qu'ils ont rencontrés. En conclusion, l'étude de cas du Zimbabwe, présentée par Otto Saki, fournit un exemple des pailles et les accomplissements du propre système de l'Afrique pour défendre les droits de l'homme de ses citoyens contre des attaques provenant de leurs propres gouvernements.

Le but de ce livre, qui accompagne une édition spéciale de Pambazuka News au même sujet, est non seulement de marquer le 20ème anniversaire, mais de populariser également le travail de la Commission. L'engagement par des organisations de société civile avec la Commission est essentiel si elle doit être efficace et si sa puissance de faire face à la culture de l'impunité doit être prolongée.

À PROPOS DES CONTRIBUTEURS

Hakima Abbas est Analyste avec le Moniteur de l'Union Africaine de Fahamu.

Korir Sing'Oei Abraham co-fondateur et directeur du Centre de Développement des Droits des Minorités (CEMIRIDE) basé au Kenya et au Zimbabwe. Il est avocat international en droits humains et spécialiste d'Hubert Humphrey à l'Université de Minnesota.

Firoze Manji est editeur de Pambauzuka News et directeur de Fahamu.

Mireille Affa'a Mindzie est chargé de projet principale du Centre pour la Résolution des Conflits, Le Cap, Afrique du Sud.

Bahame Tom Mukirya Nyanduga est commissaire de la Commission Africaine des Droits de l'Homme et des Peuples et Rapporteur Spécial sur les Réfugiés, Demandeurs d'Asile et Personnes Déplacées en Afrique.

Roselynn Musa est chargé de plaidoyer avec le Réseau de Développement et de Communication des Femmes Africaines (FEMNET) au Kenya et est impliquée dans le travaille de la Solidarité pour les Droits de la Femme Africaine (SOAWR).

Faith Pansy Tlakula est commissaire de la Commission Africaine de Droits de l'Homme et des Peuples et Rapporteur Spécial sure la Liberté de l'Expression en Afrique.

Otto Saki est coordinateur de programmes intérimaire et gestionnaire des projets, « International Litigation and Human Rights Defenders Projects» auprès des «Zimbabwe Lawyers for Human Rights», et il est actuellement Candidat au diplôme LLM en Droit et Chercheur en Droits Humains à Columbia University à New York.

RECONNAISSANCES

Cette publication a été possible grâce à l'aide d'une bourse de «Open Society Institute» et «Oxfam GB». Merci aussi à Jean Népo Simbayobewe, à Yves Niyiragira et à Justin Pearce pour leur aide.

LONG TRAJET DE L'AFRIQUE VERS LES DROITS

HAKIMA ABBAS

Tout en préparant le terrain avec un compte de comment et pourquoi l'Afrique a développé son propre système de protection des droits humains et des peuples, l'auteur conclut que le succès de la Commission Africaine des Droits de l'Homme et des Peuples, malgré « le manque apparent de volonté politique du côté des Etats et Gouvernements africains de tenir les uns et les autres responsables des violations des libertés fondamentales », réside principalement dans l'engagement distinctif de la société civile.

"la liberté, l'égalité, la justice et la dignité sont les objectifs essentiels à la réalisation des aspirations légitimes des peuples africains"
Charte Africaine des Droits de l'Homme et des Peuples.

L'Afrique continue, depuis l'indépendance au colonialisme, d'être témoin de violations flagrantes des droits humains. Du génocide au Rwanda qui a fait quelque huit cent mille morts dans une période aussi courte qu'une centaine de jours, à la violence qui se poursuit en République Démocratique du Congo (RDC) qui a coûté la vie à plus de quatre millions de personnes, soient mille personnes par jour. Le continent abrite quelque cent vingt mille enfants soldats – plus d'un tiers de l'effectif mondial. L'Afrique a plus de personnes déplacées à l'intérieur que le reste du monde combiné, avec plus de treize millions de gens qui ont été forcés à fuir leurs domiciles et trois millions et demi qui ont traversé les frontières internationales en tant que réfugiés. L'impact du VIH/SIDA a dévasté des communautés entières, tandis que l'accès à la santé et à l'information reste limité pour certains des gens les plus pauvres du monde.

Alors que la Charte de l'Organisation de l'Unité Africaine (OUA) reconnaissait et respectait les principes inclus dans la Charte des Nations Unies et dans la Déclaration Universelle des Droits de l'Homme (DUDH), l'organisation était fermement enracinée dans la doctrine de non-interférence entre Etats ayant été établie pendant l'ère de la libération où l'unité et la solidarité contre le colonialisme étaient la première force motrice d'avant-garde pour l'institutionnalisation du panafricanisme. Les concepts de souveraineté et d'indépendance qui ont fait de l'OUA un corps efficace contre la colonisation furent plus tard utilisés pour étouffer la protection des droits humains par l'implication de l'apathie politique envers l'abus par les Etats africains contre leurs propres gens.

À la suite de l'adoption en 1963 de la Charte de l'OUA, les Chefs d'Etats africains furent invités à examiner la possibilité d'adopter une Convention Africaine des Droits de l'Homme. A cette époque, les Etats et les autres auteurs de violations des droits humains sur le continent se servaient souvent d'un argument relativiste culturel pour dissiper les critiques et résister au changement en politique et en pratique. Accusant de « néo-colonialisme » les défenseurs de droits humains à l'extérieur et au niveau national et appelant le concept même de droit humain « une valeur occidentale », ils ne sont pas parvenus à reconnaître ou à être tenus responsables des principes et normes africains de droits humains qui restent à incorporer formellement dans un système de Charte. Ceci devait changea suite, en premier lieu, aux efforts de l'Association des Juristes Africains[1]. Aussi tôt que 1961, les juristes africains se sont regroupés sous les auspices de la Commission Internationale des Juristes et ont formulé le concept d'une Charte et d'une Cour africaines des droits humains. Pourtant, ce n'est qu'en 1979, après des appels répétés de la part de ces juristes, que l'OUA sous la direction du Togolais Edem Kodjo a finalement abordé la question de droits humains et de rendre claire l'interconnexion avec le développement africain. A la fin de la même année, un comité d'experts s'est réuni à Dakar, sous la direction de l'OUA, pour rédiger le projet d'une charte des droits humains. La Charte Africaine des Droits Humains et des Peuples fut finalement adoptée à Nairobi, Kenya, en juillet 1981.

Le système africain de droits humains et des peuples est à la fois universel en caractère et distinctement africain dans son champ et dans ses principes. Maintenant sous les auspices de l'Union Africaine[2] (UA), l'Afrique a une richesse de mécanismes de droits et de normes[3] de droits humains, au centre desquels se trouve la Charte Africaine des Droits de l'Homme et des Peuples. Contrairement aux autres traités de droits humains, la Charte Africaine reconnaît de façon unique les droits collectifs, les devoirs individuels et les droits de la troisième génération, tandis qu'elle souligne aussi de manière caractéristique l'interdépendance entre les droits politiques et civils avec les droits économiques, sociaux et culturels. Suivant son adoption en 1981, la Charte Africaine des Droits de l'Homme et des Peuples n'est entrée en vigueur qu'en 1986 mais elle a été depuis lors ratifiée par tous les 53 Etats de l'Union Africaine et elle est largement reconnue au sein de l'Afrique, du moins théoriquement, comme fixant les normes de protection des droits humains.

Alors qu'au sein de la communauté internationale certains gens mettent en doute la nécessité des mécanismes régionaux de protection étant donné le précepte même d'universalité intégré dans les droits humains, il est généralement admis que l'avantage de tels mécanismes soit l'intérêt commun des Etats au sein du bloc régional de respecter les droits humains, l'habileté de ces Etats et de leur société civile de s'influencer mutuellement, de même que l'habileté de définir les normes de droits humains basées sur des valeurs partagées au sein d'une région[4]. De tels mécanismes régionaux de droits humains existent également en Amérique et en Europe.

La Charte a posé les jalons pour la création de la Commission Africaine des Droits De l'Homme et des Peuples (CADHP), qui fut établie en 1987. La Commission a pour mission de promouvoir et de protéger les droits incorporés dans la Charte Africaine en examinant les rapports périodiques des Etats sur la mise en oeuvre au niveau national et le respect des droits repris dans la Charte; contribuant au développement et à la définition des normes et principes des droits humains sur le Continent; en écoutant les plaintes des Etats, de la société civile et des individus sur les violations des droits humains et des peuples, en produisant des rapports contenant les conclusions indiquant si les abus sont survenus et en faisant des recommandations à l'Etat et aux autres auteurs de remédier à ces violations; effectuant des missions de constatation des faits et mettant sur pieds des procédures spéciales, telle que l'affectation de Rapporteurs Spéciaux et d'Equipes de Travail, sur les questions saillantes sur le Continent.

Alors que les principes de la Charte ont été largement adoptés à travers l'Afrique, comme l'a été le mandat de la Commission, le principe de non-ingérence entre les Etats semble avoir été toujours retenu. A ce jour, la Commission Africaine n'a entendu qu'une seule plainte inter-Etats depuis sa création. Malgré le manque apparent de volonté politique du côté des Etats et Gouvernements africains de tenir les uns et les autres responsables des violations des libertés fondamentales, le succès de la Commission réside d'abord dans la collaboration avec la société civile dans son travail. La Charte des Droits De l'Homme et des Peuples ne définit pas de manière explicite qui est capable de saisir la Commission des complaintes individuelles mais la Commission elle-même a interprété la Charte de telle façon qu'elle permette largement aux individus et aux ONGs de déposer des plaintes. De plus, à chaque session de la Commission, un Forum des ONGs, actuellement organisé par le Centre Africain Pour les Etudes des Droits Humains et de la Démocratie (ACHRDS) précède à l'ouverture officielle et aux débats. Le Forum des ONGs s'est dressé comme une partie importante du travail de la Commission en fournissant des rapports sur les situations thématiques et régionales de même qu'en offrant une plateforme de plaidoyer et d'action conjoints de la société civile. En reconnaissant la contribution importante de la société civile au travail de la Commission, le communiqué final du forum des ONGs est délivré oralement aux représentants des Etats, aux Commissaires, et à la société civile pendant la cérémonie d'ouverture de chaque session de la Commission. Le Forum des ONGs a réussi à mettre les questions d'importance à l'ordre du jour de la Commission et à fournir une information alternative que la Commission doit tenir en compte en même temps que les rapports des Etats. En outre, le Forum des ONGs a montré sa valeur inestimable dans la création d'un réseau d'organisations de la société civile vibrantes qui collaborent efficacement avec les décideurs politiques et les institutions panafricaines pour créer un véritable changement en Afrique. Non seulement tenant les Etats et les gouvernements responsables, le Forum des ONGs a efficacement poussé pour une plus grande insistance sur le travail de la Commission à l'Union Africaine, contribuant ainsi à l'avancement d'une culture de respect des droits humains sur le Continent.

En novembre 2007, la Commission va célébrer sa vingtième année d'opération lors de sa 42ème session ordinaire au Congo Brazzaville. À ce stade de l'évolution de la Commission et avec l'opération éminente de la Cour Africaine des Droits de l'Homme et des Peuples[5], il est important de faire une évaluation critique des succès, des défis et de l'efficacité du système de droits humains en Afrique. La seule véritable mesure d'une telle évaluation est faite des changements en réalité pour les individus et les communautés à travers le continent. Grâce à cet instrument de mesure, il est difficile d'ignorer les échecs de ce système pendant que nous observons les tragédies au Darfour, la crise en cours au nord de l'Ouganda, les violations répandues des droits de la femme, l'usage systématique de la torture et d'autres punitions cruelles et dégradantes, parmi d'autres violations qui continuent de se répandre en Afrique. Etant donné que l'Etat est en premier lieu responsable de garantir les droits humains et des peuples, ce n'est pas illogique de penser que sans la volonté politique de respecter ces droits, les violations continueront sans diminuer. Mais même au-delà de la volonté des Etats de se tenir les uns et les autres et eux-mêmes responsables, les systèmes africains des droits humains fait face à des défis fondamentaux. Parmi ces derniers, il y a tout simplement le manque de connaissance de ces droits et mécanismes à travers le Continent. Il est en fait vrai qu'il y a un fossé entre les décisions prises dans la plupart des institutions panafricaines et les gens du Continent directement affectés par ces décisions. Cependant, ce fait est particulièrement dangereux lorsqu'on a affaire avec la Commission puisque ses recommandations et décisions ne sont pas obligatoires, ainsi, elles dépendent lourdement de la volonté politique pour ce qui est de la mise en application. Pourtant, la détermination des Etats à mettre en oeuvre les recommandations de la Commission continuera de manquer aussi longtemps qu'il n'y a pas de pression interne pour la concrétisation. Pour que les Africains tiennent leurs Chefs d'Etats et de Gouvernements responsables de leurs obligations sous la Charte et des décisions de la Commission, il faut qu'il y ait une grande vulgarisation et une promotion de ces droits et recommandations. La Commission, les Etats eux-mêmes et la société civile devraient prendre le devant dans cette sensibilisation nationale et dans la campagne d'institutionnalisation. De même, la presse devrait jouer un rôle essentiel. Des suggestions ont été en outre faites que le système africain des droits humains doit être intégré dans la culture juridique en Afrique en faisant une partie inhérente du curriculum au sein des universités et des écoles de droit à travers le Continent. Cette institutionnalisation juridique au niveau national assurerait que le système de la Charte est cité dans la jurisprudence nationale et utilisé par les juristes qui vont, à leur tour, le rendre accessible à leurs clients[6].

L'obstacle actuel à la large publicité de la Charte et des décisions de la Commission a été largement le manque d'un effort multi-actionnaire concerté à travers le Continent. Cependant, la Charte elle-même contient une disposition, dont on n'a pas entendu parler dans d'autres systèmes de droits humains, ce qui exige que l'Assemblée des Chefs d'Etats et de Gouvernements approuve les rapports de la Commission avant qu'ils deviennent publics[7]. A ce sujet, l'Assemblée a approuvé la publication des rapports de la Commission. Pourtant, en 2004, cette procédure, qui auparavant avait été prise pour un acquis, fut soumise à l'examen minutieux au moment où la publication du rapport d'activités de la Commission sur la mission de constatation des faits au Zimbabwe était reportée par l'Assemblée en se basant sur la prétention par le gouvernement du Zimbabwe qu'on ne lui avait pas donné l'opportunité de répondre. Cet antécédent unique souligne le danger, spécialement dans des situations politiques aussi conflictuelles que la crise au Zimbabwe, que les décisions de la Commission ont la potentialité d'être rendues vieillies si les Chefs d'Etats et de Gouvernements africains les réduisent au silence.

De plus, pour que les mécanismes, les institutions et les opportunités de plaidoyer en Afrique soient efficaces, le système doit être utilisé dans sa portée maximale. L'usage des lois crée des antécédents, l'usage du forum de plaidoyer fait naître la responsabilité et l'usage durable des mécanismes augmente leurs pouvoirs d'applicabilité. Cependant, l'impact potentiel du plaidoyer direct au sein de l'Afrique a été très peu accentué par les ONGs internationales et les ressources soumettent à des contraintes les défenseurs nationaux ou locaux des droits humains. Ce système est défavorablement sous-utilisé, la plupart de solutions aux violations de droits humains en Afrique étant cherchées en dehors du Continent. Alors qu'une stratégie mondiale est nécessaire, ce dont on a besoin, en complément à l'insistance actuelle sur la protection internationale, est une nouvelle approche qui tire ses origines du Continent, qui embrasse le système de protection et de promotion existant en Afrique, et offre une réponse panafricaine proactive aux violations. Alors que l'une des forces de la Commission Africaine est la collaboration distinctive avec la société civile, c'est un nombre d'organisations africaines de droits humains sélectionnées qui ne se lassent pas qui ont créé l'espace de leur collaboration dans le système à travers le forum des ONGs et d'autres plateformes. Alors qu'au niveau de l'Union Africaine les efforts ont été faits par les Etats pour bloquer l'accès et la collaboration significative avec la société civile en créant des critères pour le statut d'observateur qui favorisent les ONGs Gouvernementales plutôt que les organisations indépendantes de la société civile[8], les critères pour le statut d'observateur à la Commission elle-même permettent à une vaste gamme d'organisations de la société civile et aux individus de lui apporter des plaintes. Cependant, l'accès à la Commission et la collaboration avec elle, comme c'est le cas avec les autres institutions panafricaines, favorisent les ONGs internationales à cause du manque de ressources, la compréhension de l'impact potentiel, et l'accès à l'information disponible aux défenseurs de droits humains aux niveaux national et local. Pourtant ce sont ces organisations de la société civile locales et nationales et ces activistes qui sont critiques pour assurer la mise en oeuvre nationale des droits inclus dans la Charte et la mise en application des recommandations de la Commission. Malgré ceci, le Forum des ONG est parvenu à amplifier et tente d'amplifier de manière critique la voix des défenseurs africains de droits humains au cours des débats. De tels efforts doivent être soutenus et répandus pour que la Commission soit renforcée.

En 2005, la Commission Africaine a publié en moyenne 10 décisions par an, comparativement à la Commission Inter-Américaine des Droits de l'Homme, qui a pris des décisions dans approximativement 100 dossiers par an. Il y a plusieurs raisons à cette énorme différence, cependant, l'aspect budgétaire est considérable: la Commission Africaine a un budget de 200.000 dollars pour chaque session, tandis que la Commission Inter-Américaine a un budget annuel de 2,78 millions de dollars et 1,28 million de dollars en contributions extérieures et, comme pour la Commission Africaine, tient deux sessions par an[9].

En plus des considérations budgétaires pour renforcer le système des droits humains, les traités complémentaires à la Charte Africaine ont la potentialité de renforcer le respect des droits humains et des peuples en Afrique. Actuellement, la Charte Africaine des Droits et du Bien-être de l'Enfant, qui est entrée en vigueur en 1999, a été ratifiée par trente-sept Etats et créé le Comité sur les Droits et le Bien-être de l'Enfant en vue de promouvoir et de protéger les droits de l'enfant. Cependant, si la Commission reste obscure à beaucoup de gens sur le Continent, le Comité reste largement inconnu. Pourtant, d'autres efforts de compléter le système ont été plus une réussite. En novembre 2005 le Protocole à la Charte Africaine des Droits De l'Homme et des Peuples relatif aux Droits de la Femme en Afrique est entré en vigueur. Ayant été adopté par l'Union Africaine en 2003, le Protocole est le traité africain qui est entré en vigueur le plus rapidement. Ce succès est dû en premier lieu aux efforts inlassables des activistes des droits de la femme et des défenseurs des droits humains à travers le continent qui ont formé des coalitions, tel que le mouvement de Solidarité pour les Droits de la Femme en Afrique (SOAWR), pour plaider régionalement et nationalement en faveur de la ratification immédiate du Protocole sans réserve. Prouvant que la protection et la promotion des droits humains sont tout simplement aussi fortes que le mouvement de leurs défenseurs, comme le suggère Dr. Issa Shivji[10], le Protocole pose les jalons pour une plus grande protection des droits humains de la femme sur le Continent.

Alors que la Charte Africaine, sous l'article 18 (3) aborde les droits de la femme, il est faible par son manque de définition de la discrimination, de l'étendue des droits énumérés et sa mise d'accent sur la tradition qui a été utilisée, dans certains cas, pour justifier la violation des droits de la femme. Le Protocole, cependant, est perçu comme ouvrant la voie dans son ampleur de droits. Bien que les Etats semblent avoir volontairement adopté le Protocole, beaucoup l'ont fait avec des réserves qui sont opposées aux principes mêmes du Protocole. Il reste également à voir comment ces Etats mettent en oeuvre les droits incorporés dans le traité au niveau national Ce qui semble certain, cependant, est que les Etats seront tenus responsables des engagements qu'ils ont pris sous le Protocole si le mouvement féministe africain applique à la phase d'appropriation et de mise en application la même détermination et la même coordination qu'il a utilisées pendant la phase de l'entrée en vigueur du Protocole.

En plus du système de traité spécialisé qui complète la Charte Africaine des Droits De l'Homme et des Peuples, l'Union Africaine a finalement créé la Cour Africaine des Droits De l'Homme et des Peuples pour compléter la protection de la Commission. Le Protocole portant création de la Cour Africaine est entré en vigueur en 2004, après six ans d'attente des quinze ratifications réglementaires par les Etats, mais il lui reste à devenir totalement fonctionnel. Alors que la société civile espère que la Cour peut incorporer les leçons tirées par la Commission de vingt ans d'expérience, la volonté politique qui manque tant pour pousser le travail de la Commission vers les priorités de l'Union Africaine semble toujours manquante en ce qui concerne la Cour. A une étape controversée, l'UA a décidé en juillet 2004 de fusionner la Cour avec la Cour Africaine de Justice. Ce qui reste imprécis est de savoir si cette fusion, telle qu'elle est toujours totalement définie, va faire que l'adjudication des affaires de droits humains soit retardée à cause des différences en juridiction, règlements et procédures des deux cours.

La création de la Cour est bien reçue parce qu'elle fournit un recours juridiquement obligeant pour les rescapés et les victimes des violations de droits humains contrairement aux recommandations de la Commission qui dépend si gravement de la volonté politique pour ce qui est de l'application. Cependant, sa potentialité de jouer un rôle clé dans le processus d'offrir aux victimes le remède est handicapée par le fait que, contrairement à la Commission, les individus et les ONGs sont incapables de saisir la Cour directement à moins que l'Etat concerné n'ait fait une déclaration sous l'article 34 (6) du Protocole portant création de la Cour. Etant donné les données des plaintes inter-Etats à la Commission Africaine[11], cette disposition a la potentialité de rendre la Cour insensible, mettre fin aux affaires qui sont transférées de la Commission. La complémentarité entre la Cour et la Commission reste également imprécise. Par exemple, Christof Heyns suggère que si effectivement les Etats faisaient la déclaration permettant l'accès à la Cour par les individus et les ONG, la stipulation qu'un tel accès soit direct pourrait gêner la Commission puisque les rescapés et les victimes seraient forcés de choisir, dès le départ, entre la décision potentielle juridiquement obligeante de la Cour et l'annulation de l'opportunité de saisir la Cour en portant une communication à la Commission, le meilleur résultat étant une recommandation non-obligeante[12]. Il faut certainement résoudre cette question et d'autres semblables si la Cour doit renforcer le système africain des droits humains.

En plus du supplément des Protocoles additionnels et des mécanismes de protection, d'autres organes de l'Union Africaine qui s'occupent de la bonne gouvernance, du développement, de l'Etat de droit et des droits humains, servent de supplément au travail de la Commission. Parmi les plus remarquables figurent le Nouveau Partenariat pour le Développement de l'Afrique (NEPAD) et son mécanisme associé, le Mécanisme Africain d'Evaluation par les Pairs (MAEP), qui fait le suivi de la manière dont les Etats respectent leurs obligations sous les traités régionaux. Il est vital que ces processus soient harmonisés avec le travail de la Commission pour assurer la plus haute protection des droits humains et des peuples. Les objectifs du MAEP sont basés sur les quatre domaines prioritaires de la Déclaration sur la Gouvernance Démocratique, Politique, Economique et des Entreprises[13]. Moins largement accepté que la Charte Africaine, le MAEP a obtenu l'accès de quelque 23 Etats Africains. Comme la Commission, le MAEP n'a pas de mécanisme de mise en application mais il a été un processus important nationalement dans les quelques pays où le processus a été mené puisqu'il a inclus beaucoup d'intervenants, y compris la société civile, et il reçu l'attention régionale. Les décisions de la Commission, ses recommandations et conclusions peuvent et devraient fournir une référence à la revue du MAEP. Bien plus, la Commission devrait participer à la préparation du rapport de fonds et des visites de revue du MAEP dans les pays où les communications ont été entendues et où on a trouvé que des violations de droits humains et des peuples se sont produites, permettant ainsi le suivi et l'évaluation de la mise en œuvre des décisions de la Commission via des revues consistantes du MAEP[14]. Ce respect par les Etats des conclusions et recommandations de la Commission devrait être explicitement révisé à travers le MAEP en tant que moyen de renforcer la mise application et la protection des droits humains et des peuples.

En conclusion, comme la 'Renaissance Africaine' du nouveau millénaire est formée avec le précepte auto-déterminé des solutions africaines à des problèmes africains, il est crucial que la protection régionale des droits humains et des peuples soit renforcée. En effet, la Charte et la Commission Africaine donnent une bonne fondation, malgré que cela ne manque pas de faiblesses inhérentes, pour garantir la protection de ces droits. Comme la Commission progresse vers sa troisième décennie d'existence, les défis, les échecs et les succès de son travail doivent être évalués de façon critique et des leçons en être tirées. Afin de renforcer la protection dont la Commission est chargée, les Chefs d'Etats et de Gouvernements Africains, à travers l'Union Africaine, doivent cesser de délégitimer la Commission, que ce soit à travers le manque de financement ou le report de ses rapports; prendre toutes les mesures appropriées pour faciliter une campagne coordonnée de vulgarisation du rôle et des recommandations de la Commission; assurer que la plus haute protection des droits humains et des peuples est garantie à travers des mécanismes et des normes supplémentaires; et renforce davantage la collaboration de la société civile avec la Commission. La Commission s'est avérée être un organe de l'Union Africaine qui souligne l'importance du citoyen africain et la collaboration de la société civile africaine avec les institutions panafricaines en illustrant la protection des droits humains n'est pas aussi effective que le mouvement des gens qui le promeuvent. Sans la participation constamment active de la société civile africaine, la 'ghettoisation' de la Commission au sein de l'UA aurait été absolue. Pourtant à travers les efforts des peuples de l'Afrique qui réclament leurs droits, la Commission a fait de grands pas dans le passage de la culture de déni et d'impunité parmi les chefs d'Etats et des autres auteurs de violations de droits humains, du moins au niveau des discours, à celle de la reconnaissance des droits incorporés dans la Charte. Il est grand temps que ces efforts soient pris en compte pour que les Africains puissent voir un véritable changement dans leurs vies et jouir des droits et de la protection qui leur sont dus depuis trop longtemps. Ce n'est qu'à ce moment-là que les tragédies de l'Afrique vont cesser et que le Continent peut, fin des fins, progresser sur le chemin du développement.

Références

"A Schematic Comparison of Regional Human Rights Systems: An Update", (en français, Comparaison Schématique des Systèmes Régionaux de Droits Humains : Une Mise à Jour), Christof Heyns, David Padilla et Leo Zwaak, African Human Rights Law Journal , Volume 5, pp. 308-320, 2005

"The African Charter on Human and Peoples' Rights: A Comprehensive Agenda for Human Rights", (en français, la Charte Africaine des Droits de l'Homme et des Peuples: Un Agenda Compréhensif de Droits Humains), F. Ouguergouz, Kluwer Law International, 2003
"The African Charter on Human and Peoples' Rights", (en français, La Charte Africaine des Droits De l'Homme et des Peuples) U. Oji Umozurike, American Journal of International Law, Volume 77, pp. 902-912
"The African Regional Human Rights System", (en français, Système Régional des Droits Humains), International Service for Human Rights

Notes
1 "The African Charter on Human and Peoples' Rights" (en français « La Charte Africaine de Droits de l'Homme et des Peuples »), U. Oji Umozurike, American, Journal of International Law, Vol. 77, pp. 902-912
2 L'Organisation de l'Unité Africaine fut remplacée en 2001 par l'Union Africaine
3 Le système africain des droits humains comprend cinq traités: la Charte Africaine des Droits de l'Homme et des Peuples, la Convention de l'OUA Régissant les Aspects propres aux problèmes de réfugiés en Afrique, la Charte Africaine des Droits et du Bien-être de l'Enfant, le Protocole Relatif a la Charte Africaine des Droits de l'Homme et des Peuples Portant Création d'une Cour Africaine des Droits de l'Homme et des Peuples, et le Protocole relatif à la Charte Africaine relatif aux Droits de la Femme en Afrique. Accompagnés de trios mécanismes de mise en oeuvre: la Commission Africaine des Droits de l'Homme et des Peuples, la Cour Africaine des Droits de l'Homme et des Peuples et le Comité Africain d'Experts sur les Droits et le Bien-Etre de l'Enfant
4 "A Schematic Comparison of Regional Human Rights Systems: An Update" (en français : Une Comparaison Schématique des Systèmes Régionaux des Droits Humains: Une Mise à Jour), Christof Heyns, David Padilla and Leo Zwaak, African Human Rights Law Journal, Vol. 5, pp. 308-320, 2005
5 Le Protocole portant création de la Cour Africaine des Droits de l'Homme et des Peuples est entré en vigueur en janvier 2004
6 "African Regional Human Rights System: In Need of Reform?" (en français, Système Régional African des Droits Humains: Besoin de Réforme?), Christof Heyns, African Human Rights Law Journal, Vol. 1, Number 2, 2001
7 L'article 59 (1) de la Charte Africaine des Droits de l'Homme et des Peuples indique que « toutes les mesures prises dans le cadre du présent chapitre resteront confidentielles jusqu'au moment où la Conférence des Chefs d'Etat et de Gouvernement en décidera autrement. »
8 Les critères relatifs au statut d'observateur à l'Union Africaine s'appliquent aux ONG enregistrées dans les Etats membres de l'UA si la majorité de la gestion des ONG est composée de citoyens africains et si l'ONG s'occupe des activités régionales ou continentales. Les "ressources de base d'une telle ONG proviendront significativement, du moins en raison de deux tiers, des contributions de ses membres", pourtant, les réalités budgétaires de la plupart d'ONG africaines indépendantes, qui reçoivent souvent un financement par des tiers parmi les fondations privées, l'Etat ou des institutions gouvernementales, contredisent cette disposition.
9 "A Schematic Comparison of Regional Human Rights Systems: An Update", (en français, Une Comparaison Schématique des Systènmes Régionaux des Droits Humains: Une Mise à Jour), Christof Heyns, David Padilla et Leo Zwaak, African Human Rights Law Journal, Volume 5, pp. 308-320, 2005

99

10 "The Concept of Human Rights in Africa" (Le Concept des Droits Humains en Afrique), Dr. Issa Shivji

11 Jusqu'à date, la Commission Africaine des Droits de l'Homme et des Peuples n'a entendu qu'une seule plainte inter-Etats.

12 "African Regional Human Rights System: In Need of Reform?"(en français, Système Régional des Droits Humains en Afrique), Christof Heyns, African Human Rights Law Journal, Vol. 1, Number 2, 2001

13 Ces domaines prioritaires sont: la Démocratie et la Gouvernance Politique, la Gouvernance et la Gestion Economiques, la Gouvernance des Entreprises et le Développement Socio-économique

14 "Une Approche de Droits Humains au Nouveau Partenariat pour le Développement de l'Afrique (NEPAD) et le Mécanisme Africain de l'Evaluation par les Pairs (MAEP)" Fédération Internationale des Droits de l'Homme

LES DROITS DES PEUPLES AUTOCHTONES

KORIR SING'OEI ABRAHAM

L'auteur argumente que l'opposition de l'Afrique à l'adoption des droits des peuples autochtones - qui sont presque toujours des nomades ou des chasseurs et cueilleurs- a été en grande partie informé par des fausses conceptions et des mythes. Il précise que le droit à l'auto-détermination cherché par ces groupes marginalisés a été reconnue par l'Union Africaine comme étant conforme aux principes de l'intégrité territoriale d'un pays.

On est à la fin de juillet 2006. Une visite d'étude et d'information du Groupe de Travail sur les Populations/Communautés Autochtones en Afrique est en cours en Ouganda, l'un des quelques pays africains dont la Constitution se targue d'un régime de droits humains beaucoup orienté vers les droits civils et politiques, de même que les droits économiques et sociaux. La visite, destinée à diffuser les conclusions d'un rapport de 2004 de la Commission Africaine des Droits de l'Homme et des Peuples (CADHP) sur la situation des peuples autochtones en Afrique et par conséquent à s'engager dans un dialogue constructif avec les autorités gouvernementales à Kampala ainsi qu'avec les acteurs de la Société Civile, est cependant confrontée à un obstacle insurmontable. Se trouvant à la tête de la délégation ougandaise et chargée de superviser la visite, Rosette Nyirinkindi, chef de la division Union Africaine au sein du ministère ougandais des affaires étrangères, est d'avis que les objectifs de la visite sont contraires à l'esprit de la Constitution Ougandaise, qui cherche, entre autres choses, à renforcer la cohabitation pacifique des communautés de l'Ouganda. Car, d'après Nyirinkindi, diplomate expérimentée qui a jusqu'ici servi à la mission de son pays à New York, la Constitution ougandaise identifie toutes les 56 communautés ethniques résidant dans le pays comme des autochtones, et ainsi mettre à port certaines de ces communautés, et se pencher sur elles à l'exclusion des autres, comme le rapport de l'CADHP l'avait fait, constituait une violation flagrante de l'engagement constitutionnel et politique de l'Ouganda pour l'égalité et un raccourci vers des crises ethniques.

Il s'agit ici d'un scénario classique qui s'oppose au plaidoyer des droits des autochtones en Afrique. Soulever les questions des autochtones sur le continent exige immédiatement que l'on réponde à la question de statut d'autochtone et précisément à qui les droits d'autochtones pourraient être attribués. Ce qui alors ouvrirait la voie à d'innombrables autres interrogations, y compris la question du rôle joué par cette identification dans la promotion des droits humains des bénéficiaires et le lien avec la question d'intégrité nationale. Le présent article va s'attaquer à certaines de ces questions et, on l'espère, donner la voix aux millions d'éleveurs et de communautés vivant dans des forêts qui s'identifient comme des autochtones en Afrique.

Le cadre asymétrique

Il est difficile d'analyser la question de droits des autochtones en Afrique sans y associer la question de statut d'Etat, et il est strictement impossible d'aborder cette dernière sans considérer, comme question de nécessité, ses origines douteuses. L'entreprise coloniale, marquée par la domination et l'annexion du territoire en Afrique, fut téléguidée par Léopold, le monarque belge et Bismarck, Chancelier allemand, et elle atteignit son paroxysme à la Conférence de Berlin en 1884, convoquée manifestement pour réglementer les relations commerciales parmi les diverses puissances européennes. Le résultat fut le morcellement du continent en 53 Etats multiethniques et bizarres sans aucune rationalité scientifique ou sociale à part celle de trancher les territoires parmi les différents colons, un fait qui certainement met de l'eau au moulin au mouvement naissant d'unification de l'Afrique.

En se basant sur la croyance ethnocentrique selon laquelle la morale et les valeurs du colon européen étaient supérieures à celles de l'Africain colonisé, le colonialisme constituait une discrimination raciale évidente liée aux théories pseudo scientifiques étayées dans le sel de la religion chrétienne des 17ème et 18ème siècles. Cette forme de Darwinisme social qui a placé les blancs au sommet du royaume des animaux, «naturellement» portant la responsabilité de dominer les populations autochtones non européennes semble avoir trouvé une justification philosophique forte dans les travaux du philosophe allemand Hegel, entre autres auteurs, qui prétendaient que l'Afrique sub-saharienne était une ancienne utopie qui était restée - à toutes fins de connexion avec le reste du Monde – fermée sur elle-même : «la terre d'enfance, qui s'étendant au-delà de la journée de l'histoire consciente d'elle-même, est enveloppée dans le sombre manteau de la nuit. » Son caractère isolé, soutenait Hegel, a son origine non pas uniquement dans sa nature tropicale, mais essentiellement dans sa condition géographique. Hegel prétendait que les nègres des hautes terres ont continué d'exister dans un état de conscience qu'il a appelé « l'enfance de l'humanité» d'où le concept juridique de découverte qui a inspiré l'ensemble des rapports de propriété coloniale avec les territoires des peuples conquis.

L'Etat post-colonial en Afrique, issu de cet artifice colonial, non enthousiaste à se remodeler et ayant renforcé les frontières coloniales à travers l'ancienne doctrine de droit international d'*uti possidetis*, est donc caractérisé par des faiblesses qui se sont souvent manifestées en conflits ethniques graves, gouvernance médiocre, les inégalités visibles et la pauvreté chronique. Les droits des autochtones en Afrique doivent donc être évalués et affirmés à partir de ce contexte.

Comme l'écrit Howitz dans «Paradigm Wars» (Guerres de Paradigme), les processus coloniaux de l'acquisition territoriale et la formation des Etats de même que la consolidation post-coloniale des Etats a eu des conséquences dramatiques pour les droits en matière de ressources et les identités des communautés en Afrique: «Les biens, les intérêts et la propriété des peuples autochtones ont été vendus, loués à bail, commercialisés, et spoliés; les communautés ont été dépossédées, déplacées et appauvries; les terres ont été submergées, dégagées, clôturées et dégradées ; les mers, les rivières et les lacs ont été pollués … et appropriés pour usage privé; des sites sacrés ont été dynamités, cassés, profanés et endommagés de toutes manières; des connaissances et matières culturelles ont été volées, affichées, appropriées en tant qu'héritage national, et commodifiées comme des biens économiques; et même les peuples autochtones eux-mêmes ont été classifiés, assujettis à une législation répressive, déplacés arbitrairement de leurs familles par des structures des Etats, et plus récemment, assujettis à commercialiser leurs matériels génétiques.»

Droits et peuples autochtones en Afrique

Alors qu'il est indéniable que tout le continent fut ravagé et pillé par l'occident à travers l'esclavage, le colonialisme et le néo-colonialisme, il reste embarrassant que la réalité comme quoi ces forces ont occasionné des désavantages disproportionnés pour certaines communautés en Afrique au détriment des autres et au-delà des autres est en train d'être niée vigoureusement. Pourquoi est-il trop difficile de comprendre que les Maasai qui ont cédé plus d'un demi-million d'hectares de terrain pastoral dans la grande vallée du Rift au Kenya aux Britanniques constitueraient aujourd'hui l'une des communautés les plus pauvres dans le pays ? Est-ce question d'être génie pour comprendre que l'expulsion des Batwa des Parcs nationaux de Bwindi et Mgahinga en Ouganda pour donner la priorité à la protection du gorille de montagne, un objet-clé d'attraction des touristes, a mené à la quasi-décimation de cette communauté de chasseurs et cueilleurs ? Faut-il chercher à savoir ce qui contribue à la pénurie des Herero en Namibie, que les Allemands ont massacrés en masse et dont ils se sont servis comme des cochons d'Inde à l'aube du 19ème siècle ?

La pire partie du cauchemar est que le départ des colons, plutôt que de frayer le chemin à reconstruction de l'ordre politique et économique de l'Afrique, a déclenché une nouvelle série de dominateurs noirs, qui, profitant des instruments et des institutions de l'Etat colonial, ont continué de saccager et de piller les ressources du continent et complètement fermé la porte à la justice restauratrice.

Ignorant l'ignominie du colonialisme et des forces successives, les décideurs en politiques publiques contemporaines en Afrique font une tentative vigoureuse de construire une réalité basée sur l' « intérêt national » et non sur des dessins communautaires qu'ils considèrent provinciaux et, par conséquent, sectaires. C'est cette classification d'identités et la conflation de la question d'égalité pour tous les gens qui sont en grande partie responsables du déni de droits autochtones.

Car les droits d'autochtones sont considérés comme un domaine de droits qui cherchent à disloquer les priorités nationales pour des finalités communautaires, qui ne rentrent pas dans la logique et le syllogisme du développement étatico-centriques. Le fait que certaines communautés aient refusé ou ignoré d'adapter leurs intérêts aux priorités nationales de développement est vu comme un échec de prendre la responsabilité et les exigences du progrès. Cette objection est l'affirmation classique qui met en cause la pertinence de reconnaître la diversité dans des sociétés divisées, une tendance qui hégémonise l'Etat. Une analyse critique des droits des autochtones et ses bénéficiaires démontrerait cependant l'erreur des dites objections.

Tout d'abord, les droits des autochtones sont basés sur la notion générale d'universalité des droits dans un cadre multiculturel tel que respecté dans la reprise à Viennes du caractère des droits humains en 1993. C'est à partir de Viennes qu'une voix sans équivoque est sortie pour réaffirmer la dignité inhérente et l'unique contribution des autochtones au développement et à la pluralité de la société et lancé un appel à leur inclusion totale dans la vie de l'Etat. C'est par conséquent un anathème de mettre en cause la place des droits des autochtones dans le discours national, car les deux peuvent cohabiter aisément et se soutenir mutuellement ; le premier permettant au second d'attirer davantage de légitimité née de l'inclusion substantive des groupes marginalisés tandis que ce dernier profiterait de l'inclusion dans les processus nationaux. En renforçant l'Etat d'où il serait autrement absent, la promotion des droits des autochtones tels que la gouvernance d'autodétermination et le développement locaux conduirait à une paix positive et anéantirait le recours au conflit.

Deuxièmement, les droits des autochtones doivent être vus comme une facilitation de la véritable égalité, répandant ainsi la lumière à un groupe jusqu'ici non atteint par la prémisse transformatrice de la Déclaration Universelle des Droits de l'Homme. Alors que des sièges de non-discriminations exaltés comme *jus cogens,* la réalité qu'il reste difficile d'atteindre l'égalité pour tous sur le plan de la Déclaration Universelle exige que les groupes marginalisés, que ce soit des femmes, les enfants, les minorités et les groupes indigènes, poursuivent des stratégies qui vont au-delà de l'égalité formelle pour réaliser la promesse de dignité pour tous les gens. Certains ont donc mis en doute l'efficacité des dispositions de non-discrimination en tant que rempart contre les lacunes de droits humains auxquels font face les groupes autochtones. Le professeur Kingsbury de l'Université de New York a par exemple soutenu que les mécanismes existants ont complètement échoué quant à répondre adéquatement aux préoccupations des groupes autochtones et n'ont par conséquent servi que pour des objectifs symboliques et didactiques, delà la demande de mécanismes plus spécifiques.

Troisièmement, la conception collective des droits a souvent semblé être un enfant d'un dieu moins important au sein de la contestation des droits humains qui a historiquement opposé les droits civils et politiques aux droits économiques, sociaux et culturels. Les droits collectifs, qui sont centraux à la lutte des autochtones partout dans le monde, ont donc souffert d'une prémisse mal exprimée, qui leur a souvent dépouillé de sa normalité normative. Grâce à l'article 27 de la Pacte International Relatif aux Droits Civils et Politiques

(ICCPR en sigle anglaise) et la jurisprudence progressive qui est sortie du comité des Droits de l'Homme sur cet article, il a été un terrain suffisant pour la protection des droits fonciers et des droits au développement des groupes, entre autres choses. La bonne liste des droits de solidarité énoncés sous la Charte Africaine des Droits de l'Homme et des Peuples, qui peuvent bien s'apprêter à cause des autochtones, est l'œuvre de Keba M' Baye, juriste sénégalais, dont l'évaluation de la dynamique de la société africaine a inspiré le document. Dans sa monographie sur les droits au développement « Le Droit du Développement comme un Droit de l'Homme » en 1972, M'Baye, empruntant beaucoup de Karel Vasak, directeur de l'UNESCO, articule les droits de solidarité pour inclure le droit au développement, le droit à la paix, le droit à l'environnement, le droit à la propriété de l'héritage commun de l'humanité, et le droit à la communication.

Ainsi la notion d'autochtones et de leurs droits en Afrique doit être comprise non pas uniquement sur base de ses racines étymologiques et textuelles qui mettent l'accent sur l'autochtonie. C'est l'interprétation analytique moderne du terme « peuples autochtones », avec son accent sur l'expérience vécue la marginalisation systémique, de la discrimination, la différence culturelle et l'auto-identification, qui devrait être considérée en ordre par rapport à la pratique émergeante de l'CADHP. Le Groupe de Travail International sur les Affaires Indigènes (IWGIA en sigle anglais) a soutenu que, «la question des autochtones tourne autour de l'affirmation selon laquelle certains groupes marginalisés sont discriminés de manières particulières à cause de leurs cultures particulières du mode de production et de la position de subordonnés au sein de l'Etat et du fait que les cadres juridiques et politiques de l'Etat ont été impuissants pour lever ces défis. Ceci est une forme de discrimination dont les autres groupes au sein de l'Etat ne souffrent pas. Il est légitime pour ces groupes marginalisés d'en appeler à la protection de leurs droits afin d'alléger cette forme particulière de discrimination». Pourtant, c'est aussi à ce niveau d'abstraction que la notion d'autochtones en Afrique s'amalgame avec le concept de droits des minorités, une autre expression problématique mais moins controversée sur le continent.

Cependant, ce sont des fausses conceptions et des mythes qui ont en grande partie influencé la position de l'Afrique en s'opposant à l'adoption des mécanismes de fixation de principes et des normes pour les peuples autochtones. L'année dernière, une attaque dirigée par la Namibie et le Botswana sous le Groupe Africain chargé du Projet de Déclaration sur les Droits des Peuples Autochtones a amené l'Assemblée Générale de l'ONU à reporter la prise de décision sur la déclaration, tenant ainsi en otage la reconnaissance substantive par le droit international des droits des autochtones. Et quand l'Assemblée des Chefs d'Etats et de Gouvernements de l'UA s'est tenue au début de cette armée à Addis-Abeba, ils ont justifié la position du Groupe Africain en se basant sur le fait que les droits des autochtones tels que détaillés dans la déclaration auraient un impact sur l'intégrité territoriale. La question qui dérange beaucoup de gens est celle de savoir si les Batwa en Ouganda, les Endorois au Kenya ou les Bushmen au Botswana ont ou non des plans de créer leurs propres Etats distincts. N'est-il pas évident que le droit à l'auto-détermination recherché par ces groupes est celui qui peut les habiliter et mener à la reconnaissance et à la participation accrue aux affaires publiques ? Une telle tentative serait consistante avec la jurisprudence de la Commission de l'Union Africaine proposée en 1976 dans la communication Katanga contre le Zaïre, qui a établi qu'une variante d'auto-détermination qui garantit l'inclusion des groupes marginalisés au sein d'un Etat est consistante avec le principe d'intégrité territoriale. Ceci était la position réitérée presque vingt ans plus tard dans la décision Ogoni contre le Nigeria de l'CADHP.

Le terme «autochtones» devrait par conséquent revêtir une forme utilitaire constituant une tentative d'attirer l'attention sur la forme particulière de discrimination, et d'alléger cette forme dont souffrent les communautés qui, presque toujours, sont nomades ou groupes chasseurs dans le contexte africain. En s'identifiant au terme, il y a un sentiment comme quoi les particularités de leurs souffrances sont articulées de façon plus approfondie et peuvent s'apprêter à la protection de la loi internationale des droits humains et aux normes morales.

L'adoption d'une liasse flexible de droits qui sont attribuables aux groupes autochtones, plutôt qu'une guerre perpétuelle autour d'un accord unanime sur la terminologie, qui en tout cas a été irréalisable durant les débats des deux dernières décennies sur les droits des autochtones au niveau de l'ONU, me semble offrir la véritable possibilité de reconnaître les droits des peuples autochtones en Afrique.

Un cri dans l'obscurité: vivre en marge de la société

Il est indiscutable que les groupes qui s'identifient comme autochtones mènent une vie de marginalisés, un coefficient de négligence ou d'abus ouvert. La plupart de gouvernements en Afrique n'ont pas de données ou indicateurs spécifiques sur les niveaux sociaux, économiques et politiques des autochtones. Comment peuvent-ils donc suivre de près les progrès vers les objectifs de développement du millénaire (ODM) si les plus pauvres des pauvres ne sont pas adéquatement reconnus ? Une question majeure de préoccupation est que beaucoup d'Etats vont mettre l'accent sur le résultat final d'atteindre les ODM, plutôt que le dossier de qui les atteint ou comment. Ce risque fut noté dans le Rapport de Développement Humains 2003 « Les Objectifs de Développement du Millénaire : Un compact parmi les nations pour mettre fin à la pauvreté humaine».

Prenez l'exemple des Twa du Burundi, au Rwanda, au Congo et en Ouganda. Leur mode de vie et les progrès du déboisement les ont poussés à se déplacer pendant des décennies, les laissant vulnérables – tombant entre les dents d'un système social et juridique moderne, qui normalement préserverait la propriété tant de leurs terres que de leurs biens de subsistance. Avec le besoin croissant de préserver les quelques forêts tropicales dans les pays les plus densément peuplés de la région des Grands Lacs d'Afrique, ils se retrouvent exclus de leurs habitats traditionnels.

Étant donné la nécessité de plus de politiques protectrices de conservation, la croissance de l'industrie touristique et les préoccupations en matière de sécurité le long de la frontière avec le Congo, le Burundi et l'Ouganda, par exemple, l'Etat rwandais a pendant des décennies renforcé le contrôle des Zones forestières. Les Batwa ont été les plus affectés par ces mesures, qui les ont déracinés de leur mode de vie traditionnel et de leurs moyens de subsistance et ils ont été incapables de réussir à passer une transition vers une vie sédentaire et une économie du marché.

À cause de leur marginalisation traditionnel et d'un cadre juridique et politique défectueux, la plupart de communautés d'autochtones y compris les Twa n'ont jamais été compensés lorsqu'ils ont été chassés des « Zones protégées » ou des « réserves de l'Etat » où ils étaient habitués à vivre et ainsi leurs conditions de vie se sont détériorées davantage. Aujourd'hui la plupart de Batwa mènent une vie de pauvreté choquante et un rapport récent du Programme des Peuples Forestiers, une organisation caritative britannique, prédit que les Twa sont en danger d'extinction, à moins qu'une action d'envergure et concertée ne soit entreprise pour renverser leur déclin.

Tel est l'état de beaucoup d'autres groupes d'autochtones aussi bien d'éleveurs que de chasseurs, des Barabaig de la Tanzanie aux Tuaregs du Mali.

La voie la moins empruntée

Les droits des autochtones, évités par les politiciens du continent, ont trouvé de la place chez le quatrième pouvoir moins sûre – le pouvoir judiciaire. Avec la réputation d'être incorrigiblement corrompus et inefficaces, les chargés de justice du continent ont toujours à se faire reconnaître comme bastions de la justice pour le pauvre. Pourtant c'est ici que la lutte de reconnaissance et le respect des droits des autochtones a été le plus menée. Du Botswana au Kenya, et de l'Afrique du Sud à l'Ouganda, les cours sont devenues le théâtre de dramatisation de la souffrance des droits des autochtones et l'étendue grave de leur destitution. Au Kenya, une chèvre édentée a été produite comme élément de preuve pour persuader une cour de l'allégation de génocide environnemental perpétré contre la communauté IL Chamus tandis qu'au Botwana, de centaines de membres de la communauté Basarwa ont supporté 200 jours d'audience étant vêtus de leurs costumes traditionnels éclatants pour démontrer qu'ils constituaient en effet un groupe identifiable contrairement aux affirmations de l'Etat. Les audiences judiciaires ont donc été utilisées, avec des effets divers, pour entre autres choses, réclamer la restitution de terres à un groupe d'autochtones en Afrique du Sud ; mettre fin au déplacement par l'Etat des Ogiek au Kenya de la forêt Tinet dans la Vallée du Rift ; pour offrir des services sociaux aux Benet en Ouganda ; pour empêcher une société multinationale d'exploitation minière d'obtenir une concession de terres dans la région de Magadi au pays des Maasai pour la production de cendre de soude; et pour garantir les droits linguistiques en Namibie.

Chose décevante, comme à l'époque de Brown contre le Conseil de l'Education au plus chaud du mouvement des droits civils aux Etats-Unis lorsque la Cour Suprême a publié des jugements en faveur de la déségrégation mais où les Etats racistes et belligérants ont refusé de les mettre en œuvre, les gouvernements africains n'ont pas été enthousiastes à accueillir à bras ouverts les décisions de leurs propres organes judiciaires. Le gouvernement du Botswana, par exemple, a évité la décision de sa Cour constitutionnelle et refusé de permettre aux Basarwa de faire la chasse comme source de revenus au Parc Central de Kalahari, tandis qu'une année plus tard la Cour Constitutionnelle du Kenya a pris la position comme quoi il faudrait créer une circonscription pour la Communauté IL Chamus à Baringo afin d'assurer leur participation aux choix de politiques, aucune mesure n'a été prise. Une situation semblable prévaut en Ouganda où deux ans après qu'un jugement consenti fut adopté garantissant aux Benet de jouir de leurs droits de faire brouter leurs troupeaux sur des terres qu'ils occupent et qu'ils cultivent, aucune mesure administrative appuyant la décision de la cour n'a été prise. Dans un continent qui professe le respect de l'Etat de droit en tant que principe clé dans leur ordre institutionnel, le fait de ne pas parvenir à garantir la mise en œuvre des décisions judiciaires est en effet un acte d'accusation ridicule de l'engagement de l'Afrique à la bonne gouvernance et aux idéaux démocratiques.

Sans découragement, les groupes autochtones ont saisi les mécanismes régionaux pour élaborer des antécédents qui dictent les normes en matière de droits des autochtones. Cependant, leurs tentatives n'ont pas encore produit de résultat. En 2006, la plainte foncière des Bakweri contre le gouvernement camerounais fut perdue lorsque l'CADHP a déclaré la communication inadmissible. Les autochtones en Afrique attendent en retenant leur souffle la décision de la commission en ce qui concerne la communication des Endorois contre le gouvernement kenyan, une communication qui cherche la restitution du territoire ancestral à la communauté autochtone des Endorois.

Et c'est à partir de ces effets dramatiques que les maisons de presse ont tardivement puisé les données et commencé à faire ressortir la folie de non-reconnaissance du malheur des communautés autochtones en Afrique permettant au public Africain et aux décideurs politiques d'examiner leur misère. Les principales organisations de la société civile telles qu'Aide et Action et CARE en Ouganda ont également commencé à réclamer que l'Etat accorde l'attention aux questions de droits des autochtones en tant que moyen de réaliser les questions des objectifs de développement du millénaire. La montée des organisations comme le Centre de Développement des Droits des Minorités au Kenya et le Comité de Coordination des Autochtones d'Afrique en Afrique du Sud, uniquement consacrés à la lutte pour les droits des autochtones en Afrique, est aussi en train de contribuer à rendre visibles ces questions.

La bonne nouvelle, qui est difficile à rencontrer en rapport avec les droits des autochtones sur le continent, est en train d'émerger peu à peu. Les pays comme l'Afrique du Sud et le Cameroun ont pris des mesures claires d'entraver les processus conduisant à ratification de la Convention 169 de L'Organisation Internationale du Travail, convention qui attribue un régime substantif de droits aux peuples autochtones, y compris le droit de consentir librement, préalablement et à bon escient en matière de processus de développement dans les territoires autochtones.

On n'est pas encore sorti d'affaire...

Les luttes des peuples autochtones pour la reconnaissance de leurs droits doivent êtres considérés dans le cadre de la construction des sociétés multiculturelles en Afrique, où les diverses entités contribuent au bien-être de toute l'entité. À moins que ce changement de paradigme ne soit réalisé, les droits des autochtones en Afrique continueront de cumuler des dividendes négatifs en tant qu'instruments de fermeture sur soi et de division. Pourtant pour réaliser ceci, l'Afrique doit maîtriser le défi de sa propre identité. Avant d'y arriver, ce n'est pas encore «uhuru», comme on dit au Kenya, pour les groupes autochtones en Afrique.

LA FEMME, L'ÉGALITÉ ET LE SYSTÈME AFRICAIN DE DROITS HUMAINS

ROSELYNN MUSA

En dépit des promesses et des mobilisations par les femmes partout sur le continent, les femmes africaines manquent toujours de protection proportionnée à leurs Droits Humains. L'auteur argumente que la racine du problème est le manque persistant de volonté politique par des gouvernements de mettre en application des engagements à l'égalité de genre.

Introduction

Le 21ème siècle va marquer une jonction critique dans la promotion et la protection d'une culture de droits humains en Afrique. Comme le monde devient de plus en plus interdependent, les systèmes régionaux de cooperation jouent un rôle de plus en plus important dans la promotion d'un ordre de droits humains international positif.

Les Etas africains se sont engagés à différents documents de politiques internationaux et régionaux. Les mécanismes internationaux en genre les plus significatifs sont la Convention sur l'Elimination de Toutes les Formes de Discrimination à l'égard de la Femme (CEDAW) de 1979, et la Plateforme d'Action de Beijing (PFA) de 1995, la Charte Africaine des Droits Humains et des Peuples (CADHP), la Conférence Internationale sur la Population et Le Développement (ICPD PoA), la Déclaration Solennelle sur l'Egalité des Genres, le Nouveau Partenariat pour le Développement de l'Afrique (NEPAD), objectifs de développement du millénaire (ODM), l'Acte Constitutif de l'Union Africaine (UA). Toutes ces conventions et cadres de politiques engagent les gouvernements à aborder l'égalité des genres, l'équité et l'autonomisation de la femme. Ces documents font l'objet de revues périodiques afin d'évaluer dans quelle mesure ils ont été délivrés.

112

Les revues au cours des dernières années ont généralement montré que l'Afrique avait enregistré un certain progrès aux niveaux national, sous-régional et régional. La plupart des pays ont également élaboré des mécanismes et politiques du genre. Néanmoins, il y a toujours des défis majeurs dans tous les domaines dans la mesure où la majorité des stratégies restent non-encore mises en œuvre.

Les ODM et le NEPAD sont des mécanismes plus récents et plus généraux. Dans les ODM, 191 gouvernements se sont résolus à promouvoir l'égalité des genres et l'autonomisation de la femme en tant que des moyens efficaces de combattre la pauvreté, la faim, les maladies et pour stimuler le développement durable. Le NEPAD souligne également l'égalité et encourage les droits de la femme à travers le Mécanisme Africain d'Evaluation par les Pairs (MAEP).

Cependant, en dépit de toutes les prémisses et de ces engagements de première classe, la femme africaine n'est en aucune manière dans une meilleure situation qu'auparavant. Les promesses ne sont parvenues qu'à faire monter la pointure des souliers si jamais elles ont fait quelque chose. La stagnation dans certains aspects et la détérioration dans d'autres suscitent plutôt des préoccupations. Ceci est d'autant plus vrai à la lumière de la mobilisation des femmes de tous les coins du continent. Au fonds du problème il y a le manque de volonté politique pour accomplir les engagements à l'égalité des genres parmi les gouvernements africains.

Le présent article a été préparé dans un cadre général qui cherche à refléter les rapports entre le cadre international et régional sur les droits de la femme en Afrique et leur mise en œuvre réelle. A cet effet, l'article discute le Protocole à la Charte Africaine des Droits Humains et des Peuples relatif aux Droits de la Femme en Afrique en mettant en relief son caractère unique, tout en le comparant avec les autres instruments. Il conclut avec les défis rencontrés et les perspectives d'avenir qui ont suggéré une mise en œuvre accélérée des instruments de politiques en genre en Afrique.

Le Protocole des Droits de la Femme en Afrique

Le Protocole relatif à la Charte Africaine relatif aux Droits de la Femme en Afrique (ci-après le Protocole) est un document récent qui cherche à aborder les lacunes des autres instruments internationaux qui lui ont précédé dans le traitement des droits de la femme africaine. Il s'est avéré d'une amélioration beaucoup souhaitée sur la manière dont l'CADHP avait abordé ou n'avait pas abordé la position de la femme en Afrique. Il applique la Convention sur l'Elimination de Toutes les Formes de Discrimination à l'égard de la Femme (CEDAW) et la Plateforme d'Action de Beijing dans un contexte africain.

Le Protocole consiste en trois sections. La première donne le raisonnement derrière son élaboration tout en faisant référence aussi bien aux engagements régionaux et internationaux sur les droits de la femme. La deuxième section reprend les droits que respecte le Protocole et la troisième section couvre la mise en œuvre en abordant la procédure pour l'adopter et en faire le suivi et le processus par lequel il peut être amendé.

Il sert également comme le premier instrument qui a été élaboré par des Africains pour la femme en Afrique. Il se construit sur les autres questions régionalement négociées et renforce ces questions qui portent atteinte aux droits humains de la femme. L'inclusion des droits des veuves et des droits d'héritage est vue comme une percée puisque ces derniers sont des questions particulières à la femme africaine qui sont négligés et jetés sous le tapis.

Le Protocole lance un défi contre les traditions et les comportements culturels qui entravent les droits de la femme en Afrique. Il donne aux femmes une ligne de défense sur laquelle elles peuvent baser leurs appels dans le cas où elles ne sont pas parvenues à défier les lois ou les pratiques nationales discriminatoires.

L'entrée en vigueur du Protocole reflète une prise de conscience que les femmes sont des membres égaux de la société et qu'elles ne sont pas uniquement des bénéficiaires, mais aussi des participantes dans le processus de développement. La prospérité sur le continent africain exigera la promotion des droits de tous les peuples africains de même que l'adhésion au principe d'égalité des genres et de non-descrimination.

A partir de ce qui précède, l'on peut voir que les plans et les programmes existent au sein de l'UA pour assurer que ses Etats Membres font partie de l'effort mondial de promouvoir le principe d'égalité des genres en Afrique.

Mécanismes de mise œuvre

Au niveau national, la procédure pour l'appropriation de la Convention et du Protocole est un défi majeur qui affecte leur mise en œuvre. Alors que plusieurs pays ont accédé à la Convention, beaucoup n'ont pas pris la mesure supplémentaire de la faire leur et d'en faire partie de leurs lois nationales. Ce que ceci signifie en effet est que les dispositions de la Convention ne peuvent pas être directement appliquées dans les Cours nationales. Les Etats Parties n'ont pas toujours la volonté politique de mettre en œuvre les engagements pris au niveau international.

Les défis de CEDAW constituent une bonne projection de certains défis auxquels le Protocole fait face et dont on peut tirer d'importantes leçons. Le mandat du Comité de CEDAW est de faire le suivi de la mise en œuvre de la Convention par les Etats Parties qui l'ont ratifiée et ceci se fait à travers des rapports périodiques. Malheureusement, ceci est l'un des domaines qui n'ont pas été pris très au sérieux par les Etats Parties. Beaucoup d'Etats Parties ont deux ou plus de rapports non-encore déposés tandis que certains n'ont soumis aucun rapport depuis qu'ils ont accédé à la Convention. Ceci constitue un défi majeur pour le travail du Comité dans le suivi de la mise en œuvre.

Alors que le processus de présentation des rapports est bien élaboré, il repose en grande partie dans les mains du gouvernement. La participation des ONG reste faible. L'examen des rapports des Etats Parties n'est pas supposé viser la confrontation, mais plutôt se faire d'une manière qui promet le dialogue constructif entre les Etats Parties et le Comité.

La Cour Africaine des Droits Humains et des Peuples est une approche de dernier recours - lorsque tous les autres remèdes locaux n'ont pas réussi à donner des résultats satisfaisants. En attendant la création totale de la Cour Africaine, la Commission Africaine des Droits Humains et des Peuples sera saisie des dossiers d'interprétation provenant de l'application du Protocole. La Commission Africaine a été créée sous l'article 30 de la Charte Africaine.

La première responsabilité de la Commission est de promouvoir et d'assurer la protection des droits humains sur le continent. Ses quatre domaines de mandat sont: les activités promotionnelles, les activités protectives, l'examen des rapports des Etats Parties et l'interprétation de la Charte Africaine. La Commission Africaine tient des sessions régulières deux fois par an, autour d'avril et novembre, et elle peut tenir des sessions extraordinaires.

La Commission Africaine est composée de onze membres qui servent à temps partiel à la Commission. Ce sont des experts indépendants et ils agissent en qualité personnelle plutôt qu'en tant que représentants de leurs gouvernements. L'intégration du Protocole dans le mécanisme de mise en œuvre de la Charte Africaine est consistante avec les dispositions de la Charte elle-même. Et elle va assurer que les femmes dont les droits ont été violés sous le Protocole auront un recours final à la Cour Africaine pour que leurs droits soient établis et appliqués. En outre, les individus, autres que les victimes elles-mêmes, et les ONG de droits humains peuvent apporter une plainte à la Commission au nom des victimes.

L'un des défis auxquels l'appropriation fait face est la multiplicité des systèmes juridiques dans les pays africains. Alors que dans le cas d'un petit nombre de pays les traités internationaux deviennent automatiquement une partie de la loi nationale une fois qu'ils sont ratifiés, dans la majorité des cas, le traité devra être promulgué par un acte du parlement pour le rendre effectif dans ces pays.

Il est encourageant de savoir que l'Acte Constitutif de l'Union Africaine réhabilitée qui a remplacé l'Organisation de l'Unité Africaine et la création de la Cour Africaine des Droits Humains et des Peuples ont rendu plus facile aux défenseurs des droits de la femme de presser plus ouvertement pour l'application plus vigoureuse des instruments.

Unique au Protocole

Les forces du Protocole incluent le fait qu'il est intervenu après beaucoup d'autres traités, ce qui lui a donné l'avantage d'en tirer les meilleurs options tout en considérant les questions qu'ils avaient omises. Le Protocole est étroitement modelé sur la CEDAW et à cet égard il y a plus de ressemblances que de différences entre les deux instruments. Les différences sont essentiellement dans ces domaines de préoccupation de la femme africaine qui avaient été mentionnés de façon abstraite dans CEDAW ou pas du tout mentionnés. Il a aussi l'avantage de pouvoir apprendre des expériences précédentes dans le sens qu'il pourrait s'inspirer des évolutions de CEDAW. Il cite des droits spécifiques et définit la violence contre la femme. Il donne une définition inclusive de la femme pour y inclure la petite fille. Il est spécifique à la culture et ainsi il a beaucoup de valeur pour défier les pratiques culturelles négatives.

Contrairement au Protocole, CEDAW ne fait pas d'obligations explicites sur les Etats de mettre à côté des ressources afin d'éliminer la discrimination contre la femme, ou de punir les personnes ou les organisations qui perpètrent la discrimination contre la femme.

Quand la rédaction du projet du Protocole de l'UA sur la femme a commencé, il y avait au départ une résistance farouche avec l'argument que la femme en Afrique n'a pas besoin d'un Protocole séparé et qu'un paragraphe sur la non-discrimination contre la femme dans l'CADHP suffirait pour prendre soin des questions de droits de la femme qui y étaient omises.

La Charte Africaine est peut-être plus distincte des autres systèmes régionaux de protection des droits humains dans la mesure où elle a une disposition spécifique qui aborde les droits de la femme. Ceci est en plus des dispositions familières sur les droits à l'égalité et d'être libre de la discrimination caractéristique à la plupart des instruments internationaux. En ce qui concerne précisément les droits de la femme, la Charte dispose que «L'Etat a le devoir de veiller à l'élimination de toute discrimination contre la femme et d'assurer la protection des droits de la femme et de l'enfant tels que stipulés dans les déclarations et conventions internationales» article 18 (3).

Cette disposition a été considérée comme trop générale, sans aucune spécification substancielle sur les droits de la femme, plaçant ainsi ces droits dans une situation qui avait été décrite comme « comma juridique ». D'autres critiques ont porté sur le fait que les droits de la femme sont abordés avec ceux de l'enfant, et ce sur un même ton. Tout en reconnaissant le fait que la femme et l'enfant ont été victimes de la violence pérénniale , il se pose la question du raisonnement qui fait une équation présentant les deux comme égaux. Néanmoins, la Charte est vue comme fournissant un support ferme pour la protection des droits de la femme en Afrique et elle peut former la base à ce que les Etats doivent rendre compte sur le statut de la femme et sur la protection de leurs droits au sein de leurs systèmes juridiques nationaux. Il enjoint les Etats africains d'entreprendre des mesures positives afin d'assurer que leurs lois et politiques nationales visent ou ont pour finalité la réalisation de ces deux premiers objectifs. Puisque les évolutions significatives se sont produites vers un régime juridique plus inclusif pour la protection des droits de la femme en Afrique, ayant pour conséquence la rédaction du projet du Protocole additionnel à la Charte . Le Protocole peut devenir un instrument qui force les Etats à donner la priorité aux mesures législatives pour éliminer les pratiques traditionnelles dangereuses. Il fournit une fondation sur laquelle les droits humains acquièrent la légalité dans le contexte africain. Il fournit une base pour faire des affirmations qui montrent que les droits de la femme africaine à l'égalité ne sont plus contestés. Ce qui est critique à ce point est de voir le dynamisme dans la façon dont les Cours locales, la Commission Africaine des Droits Humains et des Peuples donnent un sens et un antécédent au Protocole.

Le Protocole a tenté de revigorer l'engagement de la Charte Africaine à l'égalité de la femme en ajoutant les droits qui manquent de la Charte et en clarifiant les obligations des gouvernements en matière de droits de la femme. Seul un article sur plus de soixante articles de la Charte fait des références spécifiques à la femme. Ci-après certaines des défaillances du traité en ce qui concerne la femme.

- Le fait qu'il n'a pas réusssi à définir la discrimination à l'égard de la femme.
- Son manque de garanties aux droits de la femme de consentir au mariage et à l'égalité dans le mariage.
- Son accent sur les valeurs et les pratiques traditionnelles qui ont longtemps entravé la promotion des droits de la femme en Afrique.

Pourtant certaines des violations les plus graves des droits de la femme se produisent dans la sphère privée de la famille et sont renforcées par des normes culturelles et traditionnelles.

L'article 17 (2) et (3) de la Charte Africaine stipule que chaque individu «peut prendre part librement à la vie culturelle de la Communauté» et que la protection et la promotion de la moralité et des valeurs traditionnelles reconnues par la communauté seront la tâche de l'Etat. La seule référence spécifique aux droits de la femme se trouve dans une clause concernant la concrétisation des droits de la femme . La Charte Africaine a en effet été interprétée pour protéger les lois coutumières et religieuses qui violent les droits de la femme tels que les droits à l'égalité et à la non-discrimination ; à la vie, à la liberté et à la sécurité des personnes et à la protection contre le traitement cruel et dégradant.

Le Protocole reconnaît aux femmes en tant qu'être humain individuel et non en tant que membres de communautés ou de familles. Le Protocole aborde également la discrimination tant dans les domaines publics que privés et il cible tant la discrimination directe que la discrimination indirecte. Il déplace aussi l'égalité d'un concept abstrait à celui qui attend des Etats Parties la prise des mesures concrètes pour y faire face.

Le plus important, cependant, c'est que le Protocole offre à la femme un véritable remède au niveau régional. Ceci donnera aux femmes victimes de violations des droits humains un endroit où elles peuvent se rendre, qui leur donne l'accès pratique aux instances qui comprendront les implications de leur expérience. Mais ce potentiel sera accompli si les Etats Parties garantissent qu'ils satisfont en pratique aux besoins liés aux droits de la femme et qu'ils oeuvrent pour la mise en œuvre des engagements qu'ils ont pris.

La Campagne : Solidarité pour les Droits de la Femme Africaine (SOAWR)

Alors que je dois reconnaître l'énorme ampleur des défis, je voudrais également me réjouir de nos réalisations en reconaissant les efforts de la Solidarité pour les Droits de la Femme Africaine (SOAWR), une coalition qui a œuvré et continue d'œuvrer sans relâche à la promotion de la cause du Protocole.

SOAWR est un réseau régional composé de 26 Organisations de la Société Civile et de partenaires en développement[1] qui oeuvrent à la promotion et à la protection des Droits de la Femme en Afrique. Depuis son inauguration en 2004, le domaine prioritaire principal de SOAWR a été d'amener ceux des pays qui n'ont pas encore ratifié le Protocole à le faire avec un esprit d'urgence. Tout en encourageant en même temps les pays qui l'ont ratifié à l'approprier et à le mettre en œuvre au niveau national. SOAWR travaille également pour amener les pays qui ont ratifié le Protocole avec des réserves à enlever de telles réserves dangereuses qui constituent un déni de certains des libertés et droits importants de la femme reconnus dans le Protocole.

SOAWR s'est servie et se sert toujours de tous les instruments à sa disposition et a exploité chaque opportunité de faire progresser la campagne. Parmi ceux-là il y a la rédaction de pétitions, le plaidoyer direct auprès des dirigeants tant au niveau national qu'au niveau régional, le service SMS des téléphones portables, des publications traduites dans différentes langues, des forums de la société civile préparatoires au sommet de l'UA, des forums publics, des conférences de presse, des cartes en couleurs de catégorisation, etc.

La coalition travaille actuellement sur la documentation des stratégies de plaidoyer dont elle s'est servie au fur des années en menant la campagne pour le Protocole. Ceci était une idée qui est sortie des membres de SOAWR qui se sont réunis immédiatement après les activités préparatoires au Sommet organisées par SOAWR à Accra, Ghana en juin 2007. On a décidé de créer un document qui rassemblerait l'information sur les mesures concrètes prises de même que celles qui sont en voie d'être prises afin d'encourager les Etats africains à ratifier et à s'approprier du Protocole. Le but de ce document est de fournir une compréhension plus claire des efforts existants vers la ratification du Protocole et d'offrir une inspiration et des moyens d'action à l'endossement et à l'appropriation du Protocole par l'ensemble de l'Afrique.

J'espère que SOAWR continuera de créer une plateforme de discussion et de dialogue sur la rupture entre les instruments internationaux et la mise en œuvre nationale en Afrique en vue d'identifier les stratégies en tant que chercheurs, activistes, et autorités gouvernementales pour combler le fossé. Les activistes en genre devraient aussi unir leurs voix aux organisations de société civile telle que SOAWR pour continuer d'appeler à la suppression des barrières structurelles qui font obstacle à la femme.

Obstacles et Défis

L'appropriation et de plus en plus la ratification du Protocole restent lentes suite au manque de volonté politique. Même si la plupart de pays ont créé des mécanismes nationaux en genre, ils restent faibles et manquent d'autorité, de capacité, de ressources humaines et de financement appropriés. A ceci s'ajoute les connaissances non-adéquates en analyse du genre chez les planificateurs et les responsables de la mise en œuvre et la prise de conscience en genre qui est limitée au sein des communautés.

La Cour Africaine des Droits Humains et des Peuples qui est un instrument important dans l'interprétation du Protocole reste toujours à être totalement fonctionnelle. Et même quand elle deviendra fonctionnelle son accès par les OSC qui sont les principaux champions du Protcle est limité aux pays qui signent une déclaration pour faciliter une telle action.

La participation de la femme en politique et à la prise des décisions reste lente et ceci freine l'influence de la femme sur les gouvernements pour qu'ils s'acquittent de leurs obligations contenues dans le Porotocole. L'accès de la femme à la justice est en outre inhibée par l'analphabétisme et l'ignorance de leurs droits et de comment y accéder. Certaines pratiques culturelles et traditionelles continuent de freiner les progrès dans la concrétisation des dispositions du Protocole.

La plupart des instruments ont mis un plafond et un pavement en termes de voir ces instruments être des cadres que la femme peut utiliser pour lutter contre la discrimination sous ses nombreuses manifastations. Cependant, les instruments en soi ne sont pas parfaits. Par exemple, le langage utilisé dans certains d'entre eux est soit trop compliqué ou trop vaste ou les deux et ces facteurs pourraient créer des problèmes d'interprétation spécialement au niveau national. Les instruments contiennent également des vides en termes de manque de recours en cas de non-respect. On a dit d'eux qu'ils ne peuvent qu'aboyer parce qu'ils manquent des dents nécessaires dont ils ont besoin pour mordre. Il faut donc y bâtir les conséquences de non-respect et de non-application.

Un autre problème c'est la stratégie de placer des réserves sur certaines dispositions clés. Ceci nie les principes des droits de la femme en tant que droits inaliénables, intégrales et indivisibles en tout premier lieu.

Un autre obstacle qui a été identifié au niveau national est qu'il n'y pas beaucoup d'avocats qui sont conscients du Protocole et ainsi ils ne sont pas capables de le citer en soutenant leurs arguments. Il n'y a pas beaucoup d'étudiants en droit qui suivent des cours sur le genre et le droit où ceci fait partie du curriculum, d'où leur ignorance à propos du Protocole et des autres instruments de droits de la femme.

Leçons apprises

La mise en œuvre effective des normes internationales de droits humains pour la femme a jusqu'à présent été dépendante de la volonté des Etats individuels. Souvent, on se sert des pratiques culturelles et religieuses pour empêcher la mise en œuvre des dispositions de droits de la femme. Le fait de compter sur la bonne volonté du gouvernement pour mettre en œuvre les accords internationaux n'a pas produit de bons résultats. La CEDAW a été perçue comme étrangère, mais le Protocole est quelque chose de local et pourtant nos gouvernements ne lui ont pas réservé un traitement différent pour ce qui est de la mise en œuvre.

L'autonomisation de la femme exige un degré plus élevé d'implication par la femme dans la gouvernance et dans la prise de décisions. Il faut éliminer les obstacles systémiques et structurels qui empêchent la femme de participer à la prise de décisions à tous les niveaux.

Les médias peuvent jouer un rôle important dans la promotion de l'égalité, d'où il est donc nécessaire de soutenir la presse feminine et les initiatives de communication féminines de même que d'exploiter la technologie afin de promouvoir les activités de la femme.

La prolifération des instruments a également été citée comme l'un des facteurs possibles qui contribuent au blocage de la mise en application parce que chacun exige une présentation de rapport et des procédures comptables différentes, ce qui met une lourde charge sur les Etats. Il y a aussi diffusion inadéquate de l'infornation au sujet des instruments au niveau local.

Un certain nombre d'Etats africains se sont faits lier par des instruments internationaux de droits humains, mais seuls quelques-uns ont réellement pris des mesures pour les rendre applicables au sein de leurs pays. Il semble que nos gouvernements ratifient de tels instruments, non pas à cause de l'engagement politique à leur contenu, mais à cause des urgences politiques et du désir de garder une bonne image. Le fait de ne pas parvenir à s'approprier de ces engagements reste un problème.

La multiplicité des lois dans différents pays est telle que la plupart des pays devront promulguer une nouvelle législation pour être capables d'approprier le Protocole après ratification. Un certain nombre de pays qui ont ratifié le Protocole, telles que l'Afrique du Sud et l'Ile Maurice, l'ont fait avec des réserves dangereuses qui traduisent leur manque de volonté d'abandonner complètement les pratiques qui font la discrimination à l'égard de la femme. La légitimité d'inclure des réserves sur les traités pourrait être discutable à cause de la substance de telles réserves.

Les principales normes internationales de droits humains sont définies en rapport avec les expériences des hommes et formulées en termes de violations discrètes de droits dans la sphère publique, tandis que les violations des droits de la femme se produisent dans la sphère privée. La dichotomie public/privé qui est si destructive pour les droits de la femme continue d'exister.

Les auteurs du Projet du Protocole ont été beaucoup influencés par les contenus de CEDAW de même que par le travail du Comité de CEDAW. Il est donc évident que pour assurer la mise en œuvre effective du Protocole, l'Afrique devrait s'inspirer de l'expérience du Comité de CEDAW dans le suivi de la mise en œuvre du Protocole.

Conclusion

Il est évident, à partir des paragraphes qui précèdent, que l'adoption du Protocole des Droits de la Femme est une évolution significative et assurerait l'intégration totale des préoccupations liées aux droits humains de la femme dans le cadre régional des droits humains. Le Protocole permettra tant à la Commission Africaine qu'à la Cour Africaine des Droits Humains et des Peuples de décrire comment les droits reconnus sous lui devraient être garantis dans les situations réelles de la vie.

Le rôle des instruments internationaux et des autres initiatives ne peut pas être sous-estimé. La légitimité au-delà de l'Etat a créé une influence relative pour la poursuite du programme du genre ; cependant nous sommes confrontés par une situation d'échec croissant de concrétisation de ces instruments dans les pays et l'écart entre l'engagement et la concrétisation des engagements devient de plus en plus large, ce qui mène à se demander ce qu'il convient de faire. Nous devrions, tant individuellement que collectivement, voir ce que nous pouvons faire afin d'assurer que la mise en œuvre ait effectivement lieu.

Il est indéniable qu'il est très important d'avoir ces engagements sur le papier en tant que marqueurs de progrès. Ce qui est plus important, cependant, c'est de les utiliser pour assurer que les changements réels se produisent dans les vies de la femme. Nous devons faire attention pour que les gains obtenus à Beijing ne soient pas retirés.

Recommandations

Il convient qu'il y ait un corps spécialisé semblable au comité de CEDAW pour faire le suivi de la mise en œuvre du Protocole. La Commission Africaine , dans son travail de faire le suivi de la Charte, n'a pas prêté suffisamment l'attention au Protocole. Même si elle a affecté un Rapporteur Spécial sur les Droits de la Femme, le Bureau du Rapporteur Spécial a besoin davantage de ressources humaines et financières pour s'acquitter de son mandat de manière plus efficace.

Malgré que les Etats Parties soient obligés par l'article 26 du Protocole de faire rapport des progrès dans la mise en œuvre du Protocole, ils ne sont pas susceptibles de prendre ceci sérieusement s'il ne leur est pas demandé de faire rapport à un corps particulier spécialement mis en place pour faire le suivi du Protocole.

Il sera utile d'intégrer l'enseignement des droits de la femme dans les curricula des facultés de droit en tant que discipline principale pour s'assurer que les juristes quittent l'université connaissant non seulement les lois nationales, mais aussi des instruments régionaux et internationaux qui protègent les droits de la femme.

Les organisations et les coalitions de droits de la femme comme la Solidarité pour les Droits de la Femme Africaine devraient être soutenues pour suivre la mise en œuvre du Protocole. A cet égard, elles devraient être soutenues financièrement pour participer aux réunions pour la Commission et pour préparer les rapports fantômes lorsque les rapports des pays sont en train d'être déterminés.

Des mesures devraient être prises pour instituer pleinement la Cour Africaine des Droits Humains et des Peuples sans plus tarder.

Nous devrions encourager et soutenir la femme à participer aux processus politiques à tous les niveaux et dans les portefeuilles qui jouent des rôles significatifs de politiques. Les membres du parlement ont aussi un rôle important à jouer à travers la promulgation des législations et en initiant des lois des membres privés et en réclamant des déclarations ministérielles sur les obligations entreprises.

Les médias pourraient également contribuer en diffusant l'information sur les progrès du Protocole et leurs avantages pour les citoyens afin qu'ils puissent réclamer la mise en œuvre.

Tous les droits qui se trouvent dans le Protocole sont interconnectés, interdépendants et indivisibles. Ainsi la violation de l'un ou l'autre d'entre eux affecte la jouissance de tous les autres. Nous devrions encourager les pays à le ratifier sans y mettre de réserves.

Nos dirigeants et décideurs politiques devraient se décider à changer non seulement ce qui est à l'extérieur d'eux mais aussi ce qui est à l'intérieur d'eux pour ce qui est de l'égalité des genres. Avec une notion redéfinie de pouvoir et d'égalité nous parviendrons à apporter le changement.

Références
Arusa M.K, (1998) Human Rights Protection in the African Regional System (Protection des Droits Humains dans le Système Régional Africain)
Benedek, W et al, (2002) Human Rights of Women (Droits Humains de la Femme), Zed Books, New York, 2002
Christi v.d. W. (éd), (2005) Gender Instruments in Africa: Critical perspectives and future strategies (Instruments du Genre en Afrique : Perspectives Critiques et Stratégies de l'Avenir), Riaan de Villiers et Associés, Midrand, Afrique du Sud.
Groupe de la Banque Mondiale sur le Genre et le Développement (2003), Genre et Egalité de Genre et les Objectifs de Développement du Millénaire, Washington, D.C., Banque Mondiale, *http://www.worldbank.org/gender/*
ONU, Plateforme d'Action et la Déclaration de Beijing, 1995, Département de l'ONU chargé de l'Information Publique, Nations Unies, New York
Union Inter- Parliamentaire, 2003 La Convention sur l'Elimination de Toutes les Formes de Discrimination Contre la Femme et son Protocole Facultatif, Manuel des Parlementaires, ONU, Suisse
Waldorf, L. CEDAW, Beijing et les ODM: Pathway to Gender Equality (La Voie Vers l'Egalité)

Note
1 Réseau de Développement et de Communication des Femmes Africaines (FEMNET), Equality Now-Bureau Régional Afrique, Centre Africain pour la Démocratie et d'Etudes en Droits Humains (ACDHRS), Femme en Droit et Développement en Afrique, Akina Mama wa Afrika, Réseau Inter-Africain pour la Femme, Médias Genre et Développement (FAMDEV), Fahamu et Oxfam R.U, Burkina Faso-Voix de Femmes, Djibouti – UNFD, Guinée -Conakry – CPTAFE, Kenya – Coalition sur la Violence Contre la Femme (COVAW) et FIDA-Kenya, Mali – AJM, Mozambique – Muhler Forum, et FDC, Namibie – Sister Namibia, Nigeria – Prise de Conscience sur les Droits de la Femme et Alternatives de Protection (WARPA) et

HURILAW, Afrique du Sud – Centre des Droits Humains, Université de Prétoria, Soudan – Initiative Stratégique pour la Corne de l'Afrique, Centre d'Education pour la Femme en Développement et l'Association Scientifique pour la Femme Babikar Badri, et le Comité Inter-Africain sur les Pratiques Traditionnelles Dangereuses (IAC) – Ethiopie.

LES RÉFUGIÉS ET PERSONNES DÉPLACÉES EN AFRIQUE

ENTREVUE AVEC LE COMMISSAIRE BAHAME TOM MUKIRYA NYANDUGA,
RAPPORTEUR SPÉCIAL SUR LES RÉFUGIÉS,
DEMANDEURS D'ASILE ET PERSONNES DÉPLACÉES EN AFRIQUE

Un commissaire responsable d'appuyer la Charte Africaine sur les Droits de l'Homme et des Peuples parle à Hakima Abbas au sujet de l'engagement de l'Afrique de protéger les réfugiés et sa croyance que les Etats démocratiques qui tolèrent la diversité n'éprouvent pas des conflits qui mènent au déplacement de leurs citoyens.

Hakima Abbas(HA): Pourriez-vous nous donner un bref aperçu sur la situation des réfugiés et les déplacées en Afrique.

Bahame Tom Mukirya Nyanduga (BTMN): La situation des réfugiés et des déplacées en Afrique est, dans une large mesure, liée à la politique, l'économique et l'histore du continent, ou elle reflète ce dernier. Au cours des cinq dernières décennies, beaucoup de pays africains ont connu l'instabilité de l'une ou l'autre nature. Il y a ces pays qui ont atteint l'indépendance à travers la lutte armée. Leurs citoyens furent déplacés à cause de la répression coloniale et raciste, et les guerres de libération qui en ont résulté.

Puis il y a de ces pays qui ont connu des régimes militaires, et à parti unique, qui ont invariablement supprimé les droits civils et politiques. Les politiciens de l'opposition et les différentes sections de la société qui ont exprimé l'opposition au régime non-démocratique, comme les mouvements estudiantins, les unions commerciales, et la population en général, ont fait l'objet de violation flagrante de droits humains.

Pour la plus grande part de la période depuis le début des années 1960 jusqu'à présent, le continent a connu des guerres civiles basées sur des différences idéologiques, ethniques ou religieuses. Le génocide de 1994 au Rwanda a marqué la pire forme de violation de droits humains, le but

126

visé étant l'extermination de la minorité ethnique Tutsi. Nous faisons face actuellement aux conflits dans la région soudanaise de Darfur, en Somalie, en République Centrafricaine, au Tchad, et au nord-est de la République Démocratique du Congo (RDC), ce qui cause des violations graves des droits humains. Tous ces conflits ont été responsables de la création de situations de réfugiés et de déplacées internes.

Ainsi donc, nous ne pouvons pas perdre de vue les facteurs qui sont, ou qui ont été responsables de ces situations. En effet, ils devraient être des leçons sur comment mieux éviter les conflits, et, de là, réduire les situations de réfugiés et de déplacées internes. La population de réfugiés en Afrique a baissé serieusement au cours des dernières années, parce que beaucoup de conflits ont été résolus et les Etats respectifs ont adopté des réformes démocratiques, des constitutions démocratiques et ont réussi à tenir des élections.

Je peux mentionner le Libéria, la Sierra Léone, le Burundi et la RDC comme exemples, même s'il y a toujours des poches de conflit qui exacerbe le déplacement de populations en RDC. Le déplacement de la population au nord de l'Ouganda est moins qu'un problème pour le moment, à cause des pourparlers de paix entre le Gouvernement de l'Ouganda et les rebelles de la LRA. La situation sécuritaire au nord de l'Ouganda s'est beaucoup améliorée, au point que le gouvernement est en train de fermer certains camps de déplacées qu'il avait mis en place, et les déplacées sont en train de rentrer à leurs villages.

On ne peut pas dire la même chose de ces pays où les conflits continuent toujours. Le nombre de personnes déplacées continue d'augmenter à cause de ces conflits non-résolus. L'Afrique, le continent le plus pauvre de tous, a la distinction d'abriter le plus grand nombre de déplacées, que l'on estime à environ 13 millions, ce qui revient à plus de la moitié du total de 25 millions de déplacées dans le monde.

Je dois souligner que ces chiffres reflètent la majorité de personnes déplacées par des conflits. Il y a en Afrique d'autres causes de déplacement non-liées au conflit, ce qui se passe régulièrement, tels que les projets de développement et les catastrophes naturelles, dans les différentes parties du continent. Les victimes de déplacements liés à des conflits et aux catastrophes naturelles reçoivent invariablement l'assistance humanitaire, contrairement aux personnes déplacées suite à des projets de développement et elles reçoivent peu de compensation tandis que leurs moyens de revenus sont détruits pour de bon. Il est grand temps que nos gouvernements adoptent des mesures positives afin d'aider toutes les victimes de déplacement pour restaurer leur dignité, et realiser le développement durable et la stabilité.

HA: Quels mécanismes sont en place pour garantir les droits des réfugiés et des déplacées en Afrique? Pourquoi a-t-on besoin de mécanismes régionaux, les systèmes internationaux ne sont-ils pas suffisants?

BTMN: Le mécanisme régional africain pour garantir les droits des réfugiés et des déplacés se trouve dans les instruments et institutions juridiques régionaux de base. L'Acte Constitutif de l'Union Africaine réitère la nécessité de promouvoir et de protéger le respect des droits humains et condamne toutes les formes susceptibles de mener aux violations de droits humains, c'est-à-dire la condamnation de l'accès inconstitutionnel au pouvoir. L'Union Africaine a créé des institutions telles que la Commission des Droits de l'Homme, la Cour Africaine des Droits de l'Homme, et le Conseil de Paix et de Sécurité, qui ont tous les mandats visant à protéger les droits humains en Afrique.

Parlant des réfugiés, nous devons tout d'abord reconnaître la Convention de 1969 de l'OUA qui Régit les Aspects Spécifiques des Problèmes des Réfugiés en Afrique, en tant que le tout premier instrument qui a adapté la loi internationale sur les réfugiés aux réalités africaines. Cette convention fut adoptée à une époque où l'Afrique connaissait la lutte contre les régimes coloniaux et racistes, et la première vague de conflits ethniques dans les années 1960, les deux causes majeures des flux de réfugiés, à ce moment-là. La convention a élargi la définition du réfugié en Afrique, pour y inclure une personne qui fuit l'occupation et la domination extérieures et coloniales. Elle a inclus les causes autres que celles définies par la Convention de Genève de 1951. En d'autres termes, et en réponse à la question que le système international suffise ou non, je dois dire que le système régional fut mis en place pour répondre à des problèmes régionaux et caractéristiques particuliers en Afrique.

Mais deuxièmement, et plus important, les instruments régionaux ne remplacent pas le système international. Ils fonctionnent en tandem. La Convention de l'OUA stipule qu'elle constitue un complément à la Convention de 1951 et reconnaissait l'importance de la coopération internationale dans le traitement des problèmes des réfugiés. La Charte Africaine stipule précisément qu'elle s'inspirera des instruments internationaux.

C'est dans ce contexte que le Haut Commissariat des Nations Unies pour les Réfugiés (UNHCR), l'agence de l'ONU spécialisée responsable des réfugiés partout dans le monde, a travaillé étroitement avec les Etats africains affectés pour répondre aux situations des réfugiés. L'Union Africaine (et auparavant l'OUA) a travaillé étroitement avec le UNHCR. L'UA, à travers son Conseil Exécutif et la Commission, (auparavant le Secrétariat) a créé un cadre institutionnel et politique afin d'assurer que les questions des réfugiés reçoivent les réponses appropriées.

La Charte Africaine des Droits Humains et des Peuples, en répondant à la question de déplacement, a établi le droit de chercher et d'obtenir l'asile. Tout individu qui est persécuté peut en jouir. La Charte reconnaît le droit de rentrer dans son propre pays. La Charte a créé la Commission qui a reçu des plaintes contre des Etats et détermine les violations de la Charte, y compris là où les réfugiés sont concernés. L'idée de créer ces mécanismes est de développer une culture de respect et de protection de tous les droits humains, y compris les droits des réfugiés et des personnes déplacées.

La Commission a mis en place le mécanisme du Rapporteur Spécial pour les réfugiés et les personnes déplacées internes (PDI) afin de mettre constamment en relief la situation des réfugiés et des PDI en Afrique et de sensibiliser les gouvernements à propos de la nécessité de trouver des solutions durables à ces problèmes. Les droits des réfugiés africains sont reconnus dans d'autres instruments régionaux, tels que le Protocole sur les Droits de la Femme et la Charte sur les Droits et le Bien-être de l'Enfant en Afrique.

En ce qui concerne les déplacées internes, je dois souligner que la responsabilité de protéger les personnes déplacées à l'intérieur revient carrément à l'Etat dont elles sont citoyennes. Les PDI sont des citoyens qui restent sur le territoire d'un Etat quand elles fuient une partie du pays qui est affectée par un conflit, une catastrophe naturelle, ou un projet de développement. Chaque Etat a la responsabilité sous le droit international de protéger ses citoyens. Cette responsabilité ne cesse pas lorsqu'une personne est déplacée de son village ou de sa ville. C'est la tâche d'un Etat de continuer d'assurer la dignité humaine, la sécurité physique et l'intégrité des PDI.

L'assistance humanitaire internationale, suivant la nécessité et en cas de besoin, continuera d'être fournie pour améliorer les conditions de vie des PDI pendant le déplacement. Cependant, ceci ne relève pas l'Etat de sa première responsabilité de protéger et d'aider les PDI, et d'assurer qu'elles sont en sécurité et qu'elles retournent à leurs lieux habituels de résidence, ou qu'elles sont réinstallées aussitôt que les conditions qui les ont forcées au déplacement se sont améliorées.

Une plus large dissémination de ces instruments est nécessaire et importante afin d'affermir les droits des réfugiés et des personnes déplacées, parce qu'au fonds du problème se trouve le manque de respect de leurs droits au niveau de la communauté et au niveau national.

HA: Où se trouvent l'interconnexion et la divergence entre la loi sur les réfugiés et la loi sur les droits humains en Africa ?

BTMN: L'interconnexion et la divergence dans la loi sur les réfugiés et la loi sur les droits humains seraient une question particulièrement africaine. L'analyse que j'ai faite ci-dessus n'est pas celle d'une distinction entre la loi sur les réfugiés et la loi sur les droits humains, ou que l'Afrique traite ces cas différemment. Si l'on doit en dire quelque chose, on doit parler d'interconnexion plutôt que de divergence. L'Afrique reconnaît que la loi sur les réfugiés fait partie de la loi sur les droits humains. L'expérience africaine des réfugiés a introduit certains concepts qui, jusqu'en 1969, n'étaient pas connus à la loi internationale sur les réfugiés. Ceci a été le résultat des conditions historiques et politiques particulières à l'Afrique, que j'ai expliqué auparavant, de même que des conditions dans lesquelles vivaient les réfugiés africains, et dans lesquelles ils continuent de vivre, juste comme la Convention de 1951 ne les aurait pas inventées en l'absence de l'expérience à cette époque matérielle dans le temps.

La reformulation d'un certain nombre de principes juridiques, dans la Convention de 1969 - tels que l'asile est un acte humanitaire et ne sera pas considéré comme un acte d'aggression, que les camps des réfugiés seront situés à une distance raisonnable de la frontière avec l'Etat d'origine, et l'interdiction expresse de l'implication des réfugiés dans des activités subversives - reflétait les situations et les préoccupations très particulières à l'Afrique, où des conflits armés et des guerres civiles étaient menés par des mouvements de libération et des groupes armés à partir des Etats voisins contre le pays d'origine.

Les principes et les pratiques juridiques qui ont évolué à travers l'expérience africaine des réfugiés, tels que les principes de rapatriement volontaire et ceux mentionnés auparavant, constituent maintenant une partie des principes de base de la loi internationale sur les réfugiés.

HA: Quels sont les défis pour garantir les droits des réfugiés et des déplacés en Afrique?

BTMN: À mon avis, le premier défi majeur pour garantir les droits des réfugiés et des déplacés est le problème de manque de tolérance de la diversité, et de l'inattention à la situation des victimes. Les Etats africains qui reconnaissent la diversité d'opinions, de nationalités et d'ethnies ne rencontrent pas de tels problèmes comme ceux qui embrassent l'ethnisme, ou qui évitent le pluralisme politique. En l'absence d'un sens propre de nationalisme, de tels problèmes continueront de se produire dans beaucoup d'Etats africains. Il est un fait que les Etats africains qui ont embrassé des réformes démocratiques, des formes responsables de gouvernance politique et économique et reconnu la diversité raciale et ethnique, de même que la pluralité des points de vue politiques, ne connaissent pas de cas de conflits suite à la mauvaise gestion politique ou économique qui sont les causes de conflits et par là les causes des situations de réfugiés et de déplacés de l'intérieur.

Le deuxième défi est la situation de pauvreté dans tous les Etats africains qui a pour conséquence le manque de provisions sociales et économiques adéquates pour la société. Ceci pourrait mener à la marginalisation de certaines couches de la population qui, suite au désespoir, s'impliquent dans des conflits, produisant ainsi des réfugiés et des déplacées internes. Le manque de ressources peut, d'autre part, conduire à ne pas parvenir à satisfaire les besoins élémentaires des réfugiés dans les pays d'asile.

Le troisième défi est le manque de connaissances du côté des réfugiés, des déplacées, et de la population en général, à propos de leurs droits de base, de telle manière qu'ils ne peuvent pas plaider ou les réclamer quand ils deviennent réfugiés et personnes déplacées.

HA: Quels sont votre rôle et mandat en tant que Rapporteur Spécial sur les réfugiés et déplacées en Afrique?

BTMN: Mon mandat est repris dans une résolution adoptée par la Commission Africaine en décembre 2004, pendant sa 36ème session tenue à Dakar, Sénégal. Il me demande d'étudier et de mettre en relief la situation des réfugiés, des demandeurs d'asile, des déplacées internes et des migrants en Afrique, de collaborer avec les Etats et gouvernements africains, avec l'Union Africaine et la communauté internationale, et d'examiner les diverses stratégies pour la réduction de ces problèmes en Afrique, en faisant des recommandations à travers la Commission Africaine. Il implique le travail avec différent intervenants, comme je l'ai indiqué plus haut, y compris la société civile et les institutions nationales de droits humains, le traitement et la mise d'accent sur des problèmes, afin d'essayer et d'y trouver des solutions durables.

Mon rôle est donc celui de facilitateur, qui doit aider à porter les questions de droits humains et les problèmes rencontrés par ces groupes spécifiques d'Africains à l'attention de leurs gouvernements et de l'Union Africaine. Le rôle d'un Rapporteur Spécial est un rôle très flexible. Il lui permet de répondre à l'une ou l'autre des situations ci-haut mentionnées, dépendamment de l'accès lui accordé par l'organisation et les Etats responsables, avec lesquels il ou elle doit avoir une interaction, en vue de promouvoir la prise de conscience sur les problèmes que rencontrent ces groupes et leurs droits, dans le but de leur protection.

HA: De quelle manière sentez-vous que votre rôle en tant que Rapporteur Spécial, et le travail de la Commission Africaine dans un sens plus large, ont eu un impact sur la situation des réfugiés et des déplacés en Afrique ?

BTMN: Il ne me revient pas d'évaluer mon rôle en tant que Rapporteur Spécial. Je laisserai ceci aux autres observateurs. Dans tous les cas ceci fut l'un des mécanismes créés par la Commission en 2004, contrairement aux autres mécanismes qui avaient été créés un certain nombre d'années avant. Je suis la première personne à tenir ce poste, donc il n'y avait pas d'expérience dont on pouvait en tirer des leçons. Cependant, permettez-moi de dire que je sens que j'ai contribué, dans une certaine mesure, à apporter la visibilité aux droits humains, aux questions des PDI et des migrants, en particulier. Ces questions sont maintenant soulevées et discutées régulièrement à chaque session de la Commission. En ce qui concerne les questions des réfugiés, le mécanisme leur a donné la possibilité d'être discutées à chaque session, puisqu'elles font partie de l'ordre du jour et des rapports du Rapporteur Spécial à chaque session.

Parlant du rôle et de l'impact de la Commission, elle a pris un certain nombre de décisions concernant les plaintes soumises au nom des réfugiés, l'une d'entre elles concernant l'expulsion massive des réfugiés du Rwanda au début des années 1990. La Commission a trouvé que le Rwanda avait violé la Charte en expulsant les réfugiés burundais. Et plus récemment, elle a trouvé la Guinée coupable de violation des droits dans une plainte apportée au nom des réfugiés de la Sierra Leone. La Commission a recommandé que les deux Etats trouvent une solution aux violations commises contre les réfugiés.

Les rapports d'activités de la Commission sont soumis au Sommet de l'UA tous les six mois, ce qui signifie que tous les Etats Parties à la Charte Africaine suivent étroitement les activités du Rapporteur Spécial et de la Commission en général. Je suis donc confiant qu'à travers notre travail, tous nos intervenants reconnaissent que beaucoup reste à faire dans le domaine de la protection des droits de tous ces gens.

HA: Le dernier débat autour de l'unité continentale à l'Union Africaine a vu beaucoup d'avocats d'une Afrique sans frontières. Quel impact la citoyenneté africaine aurait-elle sur le sort des réfugiés et des déplacées internes en Afrique? Ceci constitue-t-il une solution efficace à la question?

BTMN: Permettez-moi de dire que quelle que soit la réponse que je vais donner à cette question, elle reflète mes opinions personnelles, plutôt que d'être une réponse en ma qualité de Rapporteur Spécial. Ceci est dû au fait que la question plus vaste, ou le Grand Débat, n'a pas été soulevée pour qu'elle soit débattue au niveau de la Commission Africaine, et ainsi je ne peux pas supposer m'exprimer au nom de la Commission, ce qui devrait être le cas, quand on discute sur les réfugiés et les déplacés.

Théoriquement parlant, la réponse à votre question serait qu'une Afrique sans frontières précipiterait la citoyenneté africaine, ce qui signifie liberté de mouvement pour tous les Africains du Cap au Caire, et de Dar es Salaam à Dakar, et ainsi l'absence de réfugiés. Il y aurait toujours des déplacées, parce que les gens sont susceptibles d'être déplacés suite à d'autres causes que les conflits intérieurs. En d'autres termes, un gouvernement d'unité africaine va signifier l'absence de conflits entre Etats et au sein des Etats.

Le problème, à mon avis, est que l'intolérance face à la diversité, que j'ai expliquée précédemment, rend difficile aux valeurs démocratiques de se développer, dans plusieurs pays du continent. La répression contre les groupes d'opposition sur le continent dit tant de choses à ce sujet. Ceci veut dire que le genre de libéralisme politique et économique qui inspire la divergence d'opinions politiques, et une culture de liberté d'expression et d'opinion, fait défaut dans beaucoup d'Etats africans, y compris les dirigeants défenseurs du grand débat. Très peu d'élections générales se tiennent sur le continent sans qu'il y ait des allégations de vols de votes, d'intimidation, et de dédain direct envers l'opposition.

Ainsi, dans la mesure où je crois à l'unité continentale, je ne suis pas défenseur de l'unité au détriment de la stabilité, et de la nécessité des valeurs sociales, économiques et politiques partagées. Une union précipitée sans valeurs communes partagées, tels que le respect non-ambigu des droits humains fondamentaux et élémentaires, va créer une situation pire. Pour moi le test ultime de l'unité continentale sera vu lorsque les objectifs et les principes incorporés dans l'Acte Constitutif de l'Union Africaine, les programmes de NEPAD, y compris le Mecanism Africain d'Evaluation par les Pairs, deviennent une réalité pour tous les 53 Etats membres, et que les processus des Communautés économiques régionales sont mis en œuvre de bonne foi.

Si ces normes minimales sont difficiles à réaliser, alors j'ai l'intuition que l'Unité Africaine est encore très éloignée de notre époque. Si ces programmes réussissent, alors la fondation aura été posée pour l'unité continentale durable.

HA: La Tanzanie, sous le Président Nyerere, avait une politique ouverte sur les réfugiés et les déplacées en Afrique, politique qui permettait une grande assimilation dans la société tanzanienne. Cette politique a semblé maintenir la stabilité du pays en dépit des flammes du conflit qui se sont répandues à travers la région. D'autre part, l'Afrique du Sud a, à ce jour, une politique très fermée envers les réfugiés et les travailleurs migrants, que le gouvernement justifie comme un moyen de maintenir la stabilité nationale. Comment les politiques nationales envers les réfugiés et les déplacées affectent-elles la stabilité politique et quelles sont les politiques idéales que les gouvernements devraient et doivent adopter?

BTMN: La politique sur les réfugiés de tout Etat est inspirée non seulement par des obligations qu'il a assumées sous les instruments internationaux et régionaux, mais par les conditions matérielles qui prévalent dans le pays et au moment où la politique est adoptée et mise en oeuvre. En comparant les politiques des réfugiés poursuivies par le gouvernement du Président Nyerere, avec celles adoptées par le gouvernement sud-africain quelques années plus tard, il est nécessaire de reconnaître que les deux politiques étaient inspirées par des conditions et des époques différentes. Beaucoup de réfugiés du temps du Président Nyerere venaient de l'Afrique australe et de l'Afrique centrale. Les membres de mouvements de libération se son entrainés et sont allés lutter pour la libération de leurs pays. Les réfugiés en provenance de l'Afrique Centrale n'ont pas combattu leurs Etats d'origine jusque dans les années 1990, et de plus, ils ne l'ont pas fait à partir du sol tanzanien.

Il faut dire également que, suite au fait d'héberger des réfugiés pendant les cinq dernières décennies, la politique de porte ouverte poursuivie par le gouvernement tanzanien n'est plus la même. Un certain nombre de facteurs pourraient avoir justifié un tel changement, à savoir la diminution de l'assistance aux réfugiés au début des années 1990, lorsque la communauté des bailleurs internationaux a déplacé son soutien et son assistance aux réfugiés de l'Europe orientale, après la chute des régimes communistes de l'Est de l'Europe. La Tanzanie, comme beaucoup d'autres Etats africains, c'est-à-dire l'Angola, le Tchad, le Kenya, l'Ouganda, le Soudan, la Guinée, la Zambie, et d'autres, ont porté le fardeau d'héberger les réfugiés, en dépit du fait d'être des économies pauvres, au détriment de leurs terres et de leurs environnements, dont le coût n'a jamais été calculé en termes de sommes d'argent. Pourtant ceci ne les a pas découragés pour ce qui est de leurs responsabilités à l'égard des réfugiés.

D'autre part, après la démocratisation de l'Afrique du Sud, son gouvernement a dû affronter un influx de réfugiés et de migrants économiques. Le fait que le gouvernement démocratique avait à aborder les inégalités de l'ère de l'apartheid, pour satisfaire à la majorité de sa population, qui a vécu sous des conditions de pauvreté après un siècle d'apartheid, ne doit pas être ignoré. J'espère qu'au moment où elle fait face au défi d'aborder les questions des réfugiés, et en particulier la difficile situation politique et économique à travers sa frontière nord, et étant l'économie en tête en Afrique, sa politique des réfugiés doit distinguer les réfugiés authentiques et les migrants économiques, tout en abordant ces très sérieuses préoccupations. Le gouvernement doit aussi entreprendre des campagnes de sensibilisation pour encourager la tolérance par ses gens envers les citoyens étrangers, particulièrement ceux en provenance des pays africains touchés par des conflits, tels que les demandeurs d'asile somaliens, dont on dit qu'ils font l'objet de victimisation par des assaillants non-identifiés.

Deuxièmement les questions de sécurité associées aux conflits qui se produisent dans la région des Grands Lacs sont devenues problématiques dans les zones où les camps de réfugiés étaient situés, ce qui n'était pas le cas au début des années 1960 jusqu'au milieu des années 1980. Les conflits des années 1960 et 1970 n'ont pas beaucoup affecté les gens qui vivaient dans les régions frontalières de la Tanzanie. Les exceptions étaient les quelques cas de l'armée coloniale portugaise qui a bombardé le sud de la Tanzanie. Dans les années 1990 jusque récemment, les actes de banditisme associés avec la circulation des armes portatives dans la région des Grands Lacs a affecté beaucoup de communautés à proximité des camps des réfugiés, et au-delà. Ceci a un impact négatif sur les populations locales, dont certains éléments deviennent défenseurs des politiques anti - réfugiés.

Cela dit, je peux déclarer que la continuation persistente des conflits dans un pays d'origine ne peut pas encourager la stabilité politique dans le pays hôte. L'instabilité vécue au nord de l'Ouganda pendant environ vingt ans était liée à son soutien à SPLM/A et en conséquence le Soudan soutenait la LRA. La résolution d'un conflit a créé des conditions pour la résolution de l'autre. Il en est de même pour le conflit du Darfur vis-à-vis des conflits du Tchad et de la République Centrafricaine. La résolution du conflit du Darfur est susceptible de mener à une résolution des conflits au Tchad et en République Centrafricaine, qui ont tous engendré des situations majeures de réfugiés et de PDI.

Ainsi, à mon avis, les Etats doivent respecter les droits de leurs propres citoyens, et leurs obligations de les protéger. Là où une situation de réfugiés ou de PDI survient comme résultat du conflit, les dirigeants politiques doivent chercher des solutions pacifiques plutôt que s'embarquer sur des stratégies militaires. L'expérience montre que les solutions militaires n'ont pas réussi dans beaucoup de conflits en Afrique, le Burundi, la RDC, le Liberia, le Mozambique, la Sierra Leone et le Sud du Soudan pour n'en citer que quelques-uns. La paix et la stabilité que nous avons vues dans ces pays est due au fait qu'elles sont soulignées par des accords de paix plutôt que par des victoires militaires directes.

HA: Certains pourraient dire qu'étant donné les violations continues des droits humains qui secouent le continent, y compris, par exemple, la situation au Darfur, le système africain des droits humains est en échec. Seriez-vous d'accord ou pas avec ceci?

BTMN: Je ne pense pas que la réponse à cette question soit un simple "oui" ou "non". La situation en Afrique est plus complexe que ça. J'ai décrit auparavant les perspectives historiques et politiques de la situation des droits humains en Afrique. Nous devons reconnaître que l'Afrique a franchi des pas positifs dans un certain nombre de domaines. Par exemple, le nombre de gouvernements démocratiquement élus sur le continent aujourd'hui, comparativement à il y a dix ou quinze ans, quand les régimes militaires/à parti unique étaient la norme, est de loin plus élevé. Ceci ne signifie pas que le niveau de gouvernance démocratique sur le continent est parfait. Mais il y a, en définitive, des progrès pour ce qui est de développer une culture démocratique et de droits humains.

J'ai indiqué auparavant que l'Union Africaine ne reconnaît pas les moyens non-démocratiques d'accès au pouvoir. Qu'est-ce que cela veut dire? Ça veut dire que l'Afrique n'aura pas un autre Idi Amin ou un autre Abacha, delà le genre de violations, qui étaient perpétrées à l'époque, ne sont pas susceptibles de se reproduire. Ce qui se passe maintenant est que, même quand il y a un "coup d'Etat progressif" dans un Etat africain, l'Etat est immédiatement sanctionné et suspendu des activités de l'UA. Il doit tenir des élections en une courte durée afin de restaurer la constitutionalité. C'est ce genre de mesures qui sont en train de restaurer la dignité dans le système.

Avec ces genres d'évolutions, les restes des tendances non-démocratiques, et les conflits que nous voyons dans des lieux comme le Darfour ou la Somalie sont les derniers signes de vie des chevaux en train de mourir. Certains d'entre eux durent à causes idéologiques ou des intérêts économiques dût à l'appétit excessif des étrangers. Aucun d'entre eux ne sert les intérêts des gens sur place.

Le système de droits humains en Afrique reflète les réalités africaines. J'ai mentionné auparavant l'un des défis pour la garantie des droits humains en Afrique, comme étant le manque de ressources. Les institutions, qui ont été créées pour protéger les droits humains sur le continent ne peuvent être condamnées comme des échecs quand nous connaissons les limites en capacité et en ressources. Je pourrais ajouter un autre défi, que la volonté politique est nécessaire pour les rendre efficaces. La création du Conseil de Paix et de Sécurité et son implication proactive dans les conflits au Darfour et en Somalie ne peut pas être sous-estimée. La contribution des troupes de surveillance de paix par un certain nombre d'Etats africains afin d'aider à la résolution de ces conflits doit être reconnue comme une partie du système qui s'occupe de ces conflits.

Mon analyse ne donne pas l'image d'un continent rongé par des conflits, mais celle d'un continent où les conflits sont en diminution. Ainsi, pour moi, le système est en évolution, plutôt qu'en échec. Si vous regardez le système attentivement, vous allez voir des succès, petits qu'ils soient. Après tout, Rome ne s'est pas construit en une journée.

HA: En novembre l'CADHP célébrera ses 20 ans d'existence, que croyez-vous être la plus grande réalisation de la Commission pour le moment?

BTMN: La plus grande réalisation à mon avis est le fait que la Commission a continué d'exister, augmenté sa visibilite, et assumé son mandat dans des circonstances très difficiles. Le fait que les ressources ne conviennent pas n'a pas découragé l'engagement de son personnel et des membres de la Commission à continuer de travailler dans les limites leur imposées suite à des circonstances politiques et aux contraintes budgétaires. Les questions de droits humains sur le continent, comme c'est le cas partout ailleurs, sont politiquement des questions émotives. Elles touchent sur les sensitibilités des Etats et des gouvernements.

Commentant sur les différentes questions et situations de droits humains à travers le continent sous forme des décisions rendues sur les communications, ou menant des enquêtes au cours des missions, et la publication des résolutions sur la situation des droits humains dans un certain nombre d'Etats africains a permis à la Commission d'influencer les politiques officielles dans ces pays, l'opinion à travers le continent, et ailleurs, à propos de ce qui se passe dans ces pays.

Je crois qu'il y a toujours un grand espace pour augmenter sa visibilité et pour la réalisation de son mandat de promotion et de protection, si les ressources le permettent.

HA: Qu'est-ce qui renforcera, selon vous, le travail et l'impact de l'CADHP?

BTMN: La disponibilité de ressources assurera que la Commission recrute le meilleur personnel pour le Secrétariat. La Commission ne peut pas entreprendre beaucoup de ses activités programmeées à cause du manque de ressources. Ceci exige également la volonté politique des Etats et de la Commission de l'Union Africaine, les deux étant responsables d'assurer que les ressources appropriées et le personnel compétent sont mis à la disposition de la Commission.

Enfin, les Etats parties à la Charte doivent coopérer avec la Commission. Il ne sert à rien d'avoir une Commission si elle ne peut pas relever les violations de la Charte, et lorsque de telles violations sont relevées, la Commission est prise comme un instrument servant des intérêts extérieurs. L'instrument de mesure d'une découverte quelconque de violations ce sont les faits sur terrain dans chaque cas et comment elles sont liées aux obligations assumées par les Etats membres sous la Charte Africaine.

HA: Comment la société civile et les citoyens en Afrique peuvent-ils aider à garantir les droits des réfugiés et des déplacées sur le continent?

BTMN: Comme je l'ai dit ailleurs, la dissémination de la Charte de même que celle des autres instruments régionaux et internationaux de droits humains vont permettre aux gens de connaître leurs droits. Je crois que la dissémination se fait le mieux par la société civile, parce qu'elle est toujours en interaction avec les populations à différents niveaux. Les citoyens ont tâche correspondante d'apprendre et de comprendre leurs droits, et de respecter les droits des autres. Des citoyens ignorants ne sont pas bons pour la démocratie, ni pour les droits humains. L'introduction de l'éducation sur les droits humains doit être une priorité que doivent poursuivre la société civile et la population en général. Il s'agit ici d'un processus à long terme qui a pas besoin d'être commencé immédiatement, et on espère que lorsque la culture de droits humains sera renforcée, nous verrons de moins en moins de conflits et, en conséquence, l'absence de réfugiés et de déplacées internes.

Merci.

PROTECTION RÉGIONALE DES DROITS DE L'ENFANT EN AFRIQUE

MIREILLE AFFA'A MINDZIE

L'Union Africaine a établi des institutions et des lois pour sauvegarder les droits des enfants en Afrique, mais les gouvernements africains n'ont pas encore prouvé leur engagement à faire plus que multiplier ces mécanismes légaux.

Les enfants ont le droit, sans discrimination, à des soins et à une protection spéciales de la part de leur famille, de la société et de l'Etat.[1] Tout en reconnaissant que les pratiques tel que le travail des mineurs ont une longue histoire sur le continent et que des pratiques culturelles ou traditionnelles particulières ont un impact négatif sur la santé et le développement des milliers d'enfants, on ne peut pas réfuter le fait que l'enfant africain a, de tradition, reçu les soins et la protection de ses parents et d'autres fournisseurs de soins.

La modernisation a facilité ou renforcé une vaste gamme d'abus subis par l'enfant africain telles que l'exploitation économique et sexuelle, la discrimination des genres en ce qui concerne l'éducation ou l'accès à la santé, ou l'implication des enfants dans le conflit armé. On estime que l'Afrique sub-saharienne a le nombre le plus élevé du taux de travail des enfants dans le monde, avec un estimé 80 millions, ou 41 pour cent des enfants âgés de moins de 14 ans, qui travaillent.[2] Ces chiffres varient suivant les facteurs tels que la migration; le mariage précoce; les différences entre les zones urbaines et rurales; les foyers ayant à leurs têtes des enfants; les enfants de la rue et la pauvreté. Bien plus, alors que la mortalité infantile sur le continent avait chuté entre les années 1970 et le début des années 1990, cette tendance s'est renversée à la suite des défis que les maladies endémiques tels que le paludisme et la tuberculose ont imposés à l'arrêt de la propagation du VIH/SIDA et à leur atténuation.[3] On estime que 19.000 enfants africains meurent chaque jour des maladies facilement curables; et 80 pour cent des enfants séropositifs sous l'âge de 15 ans vivent en Afrique.[4] A l'égard du conflit violent, on estime que jusqu'à 100.000 enfants, dont certains ne sont qu'à l'âge de neuf ans, étaient impliqués dans les conflits armés au milieu de 2004.[5]

Pour répondre à la question des abus contre les enfants et assurer une meilleure protection des enfants sur le continent, les Etats Membres de l'Organisation de l'Unité Africaine (OUA) ont élaboré un cadre normatif et institutionnel original visant à faire le suivi et mener le plaidoyer en faveur des droits de l'enfant. En juillet 1990, par exemple, les gouvernements africains ont adopté la Charte Africaine des Droits et du Bien - Etre de l'Enfant.[6] Le Comité Africain des Experts en Droits et Bien - Etre de l'Enfant, l'organe superviseur de la Charte, est le mécanisme mandaté pour promouvoir et de protéger les droits de l'Enfant en Afrique. Avec la transformation de l'OUA en l'Union Africaine (UA) et le nouvel accent place sur les droits humains et la participation populaire, la protection continentale de l'enfant a évolué en passant de la rhétorique politique aux garanties juridiques. Le présent article va aborder comment le Comité Africain des Experts sur les Droits et le Bien- Etre de l'Enfant peut être renforcé afin qu'il réalise effectivement son mandat, quels mécanismes ont été en outre mis en place pour assurer une meilleure protection des droits de l'enfant en Afrique et ce qui reste à faire pour que cette protection soit vue sur terrain.

Vers une protection effective des droits de l'enfant en Afrique: perspectives et défis du Comité Africain sur les Droits et le Bien-être de l'Enfant

La Charte Africaine des Droits et du Bien-être de l'Enfant est le premier instrument régional et inclusif liant qui proclame les droits humains de l'enfant. L'adoption de la Charte a étroitement suivi celle de la Convention des Nations Unies relative aux droits de l'enfant (UNCRC). Justifiée par plusieurs motifs y compris la participation limitée des pays africains dans la rédaction de l'avant-projet de la Convention de l'ONU; les multiples compromis qui étaient nécessaires pour réaliser l'adoption de la Convention universelle; et le manque conséquent de prise en compte des situations particulières sur le continent, la Charte proclame une série de droits qui englobent les droits civils et les libertés fondamentales, les droits économiques, sociaux et culturels, de même que les droits spécifiques à la protection de l'enfant. Outre l'UNCRC, la Charte de l'Enfant s'efforce

141

d'assurer que l'enfant reçoive la protection et participe à la jouissance de ses droits dans le contexte africain.

Certaines des spécificités de la Charte incluent une plus forte définition de l'enfant par rapport à la Convention de l'ONU; l'interdiction stricte de la participation des enfants aux conflits armés; la protection des personnes déplacées internes en plus des enfants réfugiés; la protection de prisonniers enceintes et mères de bébés ou de jeunes enfants; et la protection des filles qui tombent enceintes avant la fin de leur éducation. La Charte Africaine réitère l'appel à l'élimination des pratiques sociales et culturelles qui affectent le bien-être, la dignité, et le développement de l'enfant, y compris l'usage d'enfants mendiants, le mariage d'enfants et les fiançailles de jeunes garçons et filles. A l'instar de l'UNCRC, les principes fondamentaux pour mettre en uvre les droits proclamés incluent la non-discrimination, les meilleurs intérêts de l'enfant, la vie, la survie et le développement de l'enfant, de même que la participation de l'enfant. Outre les droits de l'enfant, la Charte Africaine dispose des responsabilités que chaque enfant a, suivant son âge et son habileté, envers la famille et la société, l'Etat et la communauté internationale.

Le Comité d'Experts sur les Droits et le bien-être de l'Enfant, créé sous la Charte, est mandaté d'assurer la promotion et la protection des droits que contient le document; de suivre la mise en uvre de ces droits; d'interpréter les dispositions de la Charte quand les Etats Membres de l'UA le lui demandent, quand cela lui est demandé par une institution de l'UA, ou par une autre personne ou institution quelconques reconnues par l'UA ou par un quelconque Etat Partie et entreprendre toute autre tâche qui lui serait confiée par l'Assemblée des Chefs d'Etats et de Gouvernements, le Président de la Commission et tout autre organe de l'UA ou les Nations Unies. Le Comité Africain d'Experts sur les Droits et le Bien-être de l'Enfant comprend 11 membres élus par le Conseil Exécutif de l'UA pour un mandat de cinq ans non renouvelable. Les premiers membres du Comité furent élus en juillet 2001, et le Comité a tenu sa première réunion en avril mai 2002 à Addis-Abeba, Ethiopie. Le corps a, jusqu'à présent, tenu neuf réunions et ses membres actuels représentent le Botswana, le Burkina Faso, la Côte d'Ivoire, l'Egypte, l'Ethiopie, le Kenya, le Lesotho, le Mali, le Nigeria, le Sénégal et le Togo.

Pour remplir son mandat, l'organe a compétence d'examiner les rapports périodiques des Etats Parties sur les mesures qu'ils auraient adoptées pour rendre effectives les dispositions de la Charte; analyser les communications ou les plaintes individuelles sur une quelconque affaire couverte par la Charte;

de même que de mener des enquêtes sur n'importe quel dossier qui rentre dans le domaine de la Charte et les mesures que les Etats Parties auraient adoptées pour mettre en œuvre le traité. Le Comité a, jusqu'à présent, reçu cinq rapports d'Etats de la part de l'Egypte, du Kenya, de l'île Maurice, du Nigeria et du Rwanda.[7] Il va examiner deux communications individuelles qui allèguent la violation des droits de l'enfant en Ouganda et au Kenya. Des visites promotionnelles et des missions ont été entreprises dans les pays tels que le Madagascar, la Namibie, le Soudan ou le Nord de l'Ouganda, et des missions futures sont programmées en RDC, au Liberia, à São Tomé et Príncipe, en Tunisie et en Zambie.

Des critiques ont entouré la création du Comité en tant qu'un organe spécifique chargé de la promotion et de la protection des droits de l'enfant, à côté de la Commission Africaine des Droits Humains et des Peuples qui existe déjà.[8] Un financement inadéquat et des ressources matérielles et humaines insuffisantes accordés au Comité depuis sa création ont en outre suscité des questions sur la nécessité d'un mécanisme séparé pour les droits de l'enfant en Afrique. Par exemple, aucun Secrétaire permanent du Comité d'Experts n'a, jusqu'à présent, été affecté suivant l'Article 40 de la Charte de l'Enfant.[9] De juillet 2001 jusqu'à date, le Comité a été privé du personnel nécessaire pour mettre en œuvre et coordonner ses activités. Le corps compte surtout sur un Département surchargé de l'UA, le Département des Affaires Sociales et, au cours de sa neuvième réunion, le Commissaire de l'UA aux Affaires Sociales a suggéré que le Comité réduise ses réunions de deux à une par an jusqu'à ce qu'il lui soit donné un secrétariat totalement fonctionnel.[10] Le mécanisme continental manque en outre de financement suffisant pour soutenir ses programmes et activités et pendant les cinq dernières années, le Comité a survécu grâce à la générosité des agences internationales telles que le Fonds des Nations Unies pour l'Enfant (UNICEF) ou des organisations non - gouvernementales internationales dont Save the Children Suède et Plan International. Les autres partenaires de la société civile, comme l'Institut des Droits Humains et du Développement en Afrique basé à Banjul ont également été instrumentaux dans l'élaboration des documents juridiques nécessaires pour que le Comité exécute son mandat.

Pour que le Comité Africain d'Experts sur les Droits et le Bien-être de l'Enfant se développe en tant que mécanisme indépendant et efficace pour le plaidoyer et le suivi autour des droits de l'enfant sur le continent, le corps devrait être pris plus au sérieux par l'UA. En d'autres termes, le Comité de l'Enfant devrait recevoir toutes les ressources nécessaires pour qu'il s'acquitte de son mandat. Il devrait en outre être lié aux autres organes de droits humains de l'UA, à savoir la Commission Africaine et la Cour Africaine des Droits Humains et des Peuples, de même qu'à l'ensemble du cadre politique continental.

Le Comité Africain d'Experts sur les Droits et le Bien-être de l'Enfant au sein de l'ensemble de l'architecture de l'Union Africaine

La protection effective des droits de l'enfant en Afrique en appelle à une interaction harmonisée de tout le cadre continental de droits humains. Plus spécifiquement, pour que le Comité sur les Droits et le Bien-être de l'Enfant réussisse du court au moyen termes, des liens plus rapprochés devraient être forgés avec les mécanismes existants pour la promotion et la protection des droits humains et de l'enfants. Le Comité Africain a initié la collaboration avec des organes semblables tels que le Comité de L'ONU sur les Droits de l'Enfant concernant la procédure de présentation des rapports par l'Etat et, au niveau régional, avec la Commission Africaine et la Cour Africaine des Droits Humains et des Peuples.[11] Prenant en compte la ressemblance de la plupart de leurs fonctions et procédures, cette collaboration se développe davantage et le Comité d'Experts pourrait bénéficier en tirant profit de l'expérience gagnée au fur des années par la Cour Africaine des Droits Humains et des Peuples.

Par exemple, la Commission Africaine pourrait inspirer le Comité sur les Droits de l'Enfant en ce qui concerne la mise en œuvre de son mandat promotionnel et protecteur. Le Comité pourrait en outre bénéficier des rapports de longue date qui se sont développés entre la Commission et les organisations de la société civile, à savoir les organisations non - gouvernementales de droits humains. A cet égard, il est important de noter qu'à sa 9ème réunion, le Comité a décidé de lier, à partir de sa 11ème réunion, la participation des Organisations Non-Gouvernementales (ONG) à leur demande préliminaire de statut d'observateur ou son octroi.[12] Comme indiqué ci-dessus, le Comité a adopté ses critères pour accorder le statut d'observateur aux Organisations de la Société Civile (OSC) et il est donc en train d'encourager la formalisation de son partenariat avec les ONG. Cependant, dans la mesure où le Comité compte considérablement sur la collaboration de la société civile pour disséminer la Charte et rendre public son mandat et son travail, soutenant ainsi et renforçant sa structure général, la restriction de la participation des ONG à uniquement celles qui ont obtenu le statut d'observateur a la potentialité d'affaiblir les réunions, aussi bien en termes d'effectif que de contenu.

Au-delà de la collaboration initiée et encouragée au sein du Comité d'Experts et de la Commission Africaine des Droits Humains et des Peuples, il est proposé que la Commission et le Comité devraient œuvrer pour un corps intégré de droits humains, ayant mandat de promouvoir et de protéger tant des droits généraux que spécifiques sur le continent, y compris les droits de l'enfant.[13] Un organe combiné ainsi pourrait être élargi de 11 à 18 membres. Outre la nécessaire rationalisation de la promotion et de la protection des droits humains au sein d'une plus vaste UA, la fusion proposée aiderait à centraliser le financement pour la protection des droits humains sur le continent. Elle clarifierait également la collaboration tant du Comité sur les Droits de l'Enfant que de la Commission Africaine avec la Cour Africaine des Droits Humains et des Peuples et, dans l'avenir, la Cour Africaine de Justice.

Conçue pour renforcer le mandat protecteur de la Commission Africaine, la Cour Africaine des Droits Humains et des Peuples fut créée sous le Protocole à la Charte Africaine des Droits Humains et des Peuples Portant Création D'une Cour Africaine Des Droits De L'homme Et Des Peuples de 1998. Bien que le Protocole portant création à la Cour ait été adopté avant l'entrée en vigueur de la Charte de l'Enfant, le document a établi la compétence de la Cour en ce qui concerne les instruments internationaux et régionaux pertinents en matière de droits humains ratifiés par les gouvernements africains,[14] y compris la Charte Africaine des Droits et du Bien-être de l'Enfant. Cependant, le Protocole n'a pas spécifié les modalités de collaboration entre la Cour et le Comité d'Experts. En juillet 2004, la décision des Etats Membres de l'UA de fusionner la Cour Africaine des Droits Humains et des Peuples avec la Cour de Justice continentale proposée, donnant ainsi une opportunité d'envisager expressément le rapport du Comité des Droits de l'Enfant, à part celui de la Commission Africaine, avec la Cour des Droits Humains. Dans ce sens, l'avant-projet du Protocole de fusion sur la Cour Africaine de Justice et des Droits Humains reconnaît expressément le Comité Africain d'Experts sur les Droits et le Bien-être de l'Enfant.

Comme il en est pour la Commission Africaine, le Comité d'Experts sur les Droits et le Bien-être de l'Enfant joue un rôle clé dans le processus de saisir la Cour.[15] Ceci a été confirmé par l'article 29 du projet de document sur la fusion de la Cour Africaine de Justice et la Cour Africaine des Droits

Humains et des Peuples, qui précise que la Cour aura jurisdiction sur tous les dossiers et disputes juridiques soumis en ce qui concerne l'interprétation de la Charte Africaine des Droits Humains et des Peuples, la Charte des Droits et le Bien-être de l'Enfant, le Protocole à la Charte Africaine des Droits Humains et des Peuples relatif aux Droits de la Femme en Afrique, ou n'importe quel instrument juridique en rapport avec les droits humains, ratifié par les Etats Membres de l'UA.[16] Outre les Etats Parties au Protocole fusionné, les organisations inter-gouvernementales, les institutions nationales de droits humains, et les individus ou les ONG pertinentes accréditées à l'UA ou à ses organes, la Commission Africaine et le Comité Africain d'Experts auront le droit de soumettre à la Cour des cas portant sur toute violation d'un droit garanti par la Charte Africaine, par la Charte des Droits et du Bien-être de l'Enfant, le Protocole à la Charte Africaine des Droits Humains et des Peuples relatif aux Droits de la Femme en Afrique, ou tout autre instrument juridique pertinent pour les droits humains ratifié par les Etats Parties concernés. Le Statut indique aussi que la Cour gardera à l'esprit la complémentarité avec la Commission Africaine et le Comité d'Experts au moment de faire le projet de règlements de procédures.[17] La première session de la Cour Africaine, tenue à Banjul, la Gambie, en juillet 2006, a commencé avec des séances de briefing sur la Commission et sur le Comité.[18] La Cour a depuis lors commencé à rédiger le projet et elle a adopté une partie des règlements de Procédures. La collaboration devrait ainsi être davantage encouragée et rendue effective parmi les principaux mécanismes régionaux de droits humains.

En tant qu'organe judiciaire central de l'UA, la Cour de Justice et de Droits Humains aidera à renforcer la valeur juridique des recommandations adoptées par le Comité d'Experts, en rapport avec les cas de violations des droits de l'enfant en Afrique. Les décisions de la Cour seront finales et auront un effet liant. Contrairement à la Commission et au Comité des Droits de l'Enfant, la Cour des Droits Humains pourrait, après avoir établi les violations de droits humains ou des peuples, ordonner les mesures appropriées à prendre en vue de remédier à la situation, et ceci peut inclure l'octroi d'une juste compensation.[19] Bien plus, malgré que le Comité Africain d'Experts ait été créé au sein de l'organisation continentale, l'Acte Constitutif de l'UA n'a pas fait de référence directe au Comité. En stipulant expressément que le Conseil Exécutif de l'UA aura notification des jugements de la Cour et suivra leur exécution au nom de l'Assemblée, l'article 44 du Protocole de fusion aide à renforcer la protection juridique des droits humains et de l'enfant sur le continent.

Soutien politique de la protection des enfants

Au-delà de la collaboration du Comité Africain d'Experts sur les Droits et le Bien-être de l'Enfant avec les autres mécanismes de droits humains de l'UA, la protection effective de l'enfant en Afrique en appelle à une plus forte interaction du Comité sur les Droits de l'Enfant avec les organes administratifs et politiques continentaux. Par exemple, la Commission de l'UA, à travers les départements et les bureaux des Commissaires spécifiques, à savoir le Bureau du Commissaire aux Affaires Sociales, aux Affaires Politiques et à la Paix et Sécurité, a un rôle crucial dans le processus de rendre public la préoccupation de l'UA en ce qui concerne l'enfant en Afrique, de même que de mettre cette question à l'ordre du jour des organes politiques de l'UA. Cependant, le Comité des Représentants Permanents, le Conseil Exécutif, et l'Assemblée de l'UA devraient renforcer leur implication dans les questions qui affectent l'enfant sur le continent. Il faudrait accorder un soutien sans équivoque au Comité d'Experts quand on adopte son budget, quand on élit ses membres, ou lors de l'adoption et du suivi de son rapport d'activités. En tant qu'organe suprême de l'UA[20] et le premier chargé de l'exécution des rapports et recommandations provenant des autres organes de l'Union,[21] l'Assemblée des Chefs d'Etats et de Gouvernements a en plus le pouvoir de suivre la mise en œuvre des politiques et décisions de l'Union concernant l'enfant,[22] de même qu'assurer le respect par tous les Etats Membres à travers la pression par les pairs.[23]

La nouvelle architecture de l'UA sur la paix et la sécurité offre une autre opportunité de renforcer la protection de l'enfant africain, spécifiquement celui qui est affecté par la guerre. Les objectifs du Conseil de Paix et Sécurité[24] incluent l'anticipation et la préemption des conflits armés, de même que la prévention des violations massives de droits humains. Le Conseil vise également à promouvoir et d'encourager les pratiques démocratiques, la bonne gouvernance, l'Etat de droit, les droits humains, le respect du caractère sacré de la vie humaine, et le droit international humanitaire.[25] Ces objectifs pourraient soutenir le plaidoyer en faveur des droits de l'enfant dans le cadre général de la prévention du conflit, du plaidoyer et du suivi des droits de l'enfant affectés par les conflits armés, et la supervision des processus de réinsertion de l'enfant et l'intégration des droits de l'enfant au sein des processus régionaux de construction de la paix et de reconstruction post-conflit.[26]

Enfin, les organes et les mécanismes de suivi tels que le Parlement Panafricain,[27] la Conférence sur la Sécurité, la Stabilité, le Développement et la Coopération en Afrique (CSSDCA),[28] et le Nouveau Partenariat pour le Développement de l'Afrique (NEPAD) et son mécanisme associé, le Mécanisme Africain d'Evaluation par les Pairs (MAEP),[29] peuvent jouer un rôle clé pour la protection harmonisée des droits humains et de l'enfant en Afrique. Visant à consolider le travail de l'UA dans les domaines de la paix, de la sécurité, de la stabilité, du développement et de la coopération, le processus CSSDCA offre un forum pour l'élaboration et la promotion des valeurs communes au sein des organes principales de politiques de l'UA. À travers le CSSDCA "calebasse de stabilité" qui met l'accent sur la nécessité de démocratisation, de la bonne gouvernance et de la participation populaire au sein des Etats Membres, et essentiellement à travers sa "calebasse de développement" qui aborde l'amélioration des normes générales des vies,[30] le Comité Africain d'Experts sur les Droits et le Bien-être de l'Enfant pourrait inspirer le processus et contribuer à suivre et faciliter la mise en oeuvre de la stratégie de l'UA en termes de ces thèmes. Sous l'initiative du NEPAD et du MAEP, la promotion et la protection des droits de l'enfant et des jeunes personnes est l'un des neufs objectifs clés du domaine prioritaire «Démocratie et Bonne Gouvernance Politique» qui vise à assurer que les constitutions africaines reflètent les principes démocratiques et offrent une gouvernance clairement responsable et la participation politique. La Charte Africaine des Droits et du Bien-être de l'Enfant, la Convention de l'ONU sur les Droits de l'Enfant et, en principe, la nouvelle Charte Africaine sur la Jeunesse, servent comme normes pour faire le suivi de l'objectif indiqué. À la fin du processus de revue, les rapports sur les pays examinés sous le MARP devraient être analysés et publiquement considérés par le Comité d'Experts sur les Droits et le Bien-être de l'Enfant, tel que c'est envisagé en ce qui concerne la Commission Africaine des Droits Humains et des Peuples et les autres structures régionales et sous-régionales clés.

En conclusion, un cadre clair et inclusif montre des efforts régionaux pour protéger les droits de l'enfant en Afrique. Cependant, pour que l'enfant participe effectivement en tant que composante clé des efforts du continent vers la paix et le développement durables, beaucoup plus reste toujours à faire et les gouvernements africains ont toujours à prouver leur engagement au-delà de la pure multiplication d'instruments et de mécanismes.

Notes

1 L'article 24 de la Convention Internationale sur les Droits Civils et Politiques, Adopté et ouvert pour signature, ratification et accès par la résolution 2200A (XXI) de l'Assemblée

Générale du 16 décembre 1966 (disponible sur *http://www.ohchr.org/english/law/ccpr.htm#art24* ; visité le 27 août 2007).
2 Issues in Child Labor in Africa (soit en français, Questions de Travail des Enfants en Afrique), Jens Chr. Andvig, Sudharshan Canagarajah, Anne Kielland, Africa Region Human Development Working Paper Series (soit en français, Série des Documents de Travail sur le Développement Humain dans la Région Afrique), la Banque Mondiale, septembre 2001 (disponible sur *http://siteresources.worldbank.org/AFRICAEXT/Resources/child_labor.pdf* ; visité le 27 août 2007).
3 UAPS, Cinquième Conférence Africaine sur la Population, 10-14 décembre 2007, Arusha, Tanzanie. Thème: Questions Emergentes en Population et Développement en Afrique (disponible sur *http://www.uaps.org/cadre/5thAfricanPopulationConferenceAnnounceEnFr.pdf* ; visité le 27 août 2007).
4 Statistiques. L'Enfant d'Afrique (disponible sur *http://www.abaana.org/resources/statistics.cfm* ; visité le 27 août 2007).
5 "Certains Faits", Coalition pour Stopper l'Usage des Enfants Soldats (disponible sur *http://www.child-soldiers.org/childsoldiers/some-facts* ; visité le 5 septembre 2007).
6 Doc. OUA CAB/LEG/24.9/49 (1990), est entré en vigueur le 29 novembre 1999. En juin 2007, la Charte a été ratifiée par 41 pays (disponible sur *http://www.africa-union.org/root/au/Documents/Treaties/Text/A.%20C.%20ON%20THE%20RIGHT%20AND%20WELF%20OF%20CHILD.pdf* ; visité le 6 septembre 2007).
7 Union Africaine, 9ème du Comité Africain d'Experts sur les Droits et le Bien – être de l'Enfant, du 29 au 31 mai 2007, Addis Ababa, Ethiopie, Projet de Rapport.
8 Shadrack Gutto, "The reform and renewal of the African Human and Peoples' Rights system" (soit en français, La réforme et le renouvellement du système régional africain de Droits Humains, paru dans "African Human Rights Law Journal," (2001) 2 175-184.
9 Un Secrétaire provisoire a été affecté au Comité pour six mois en 2004.
10 Rapport de la Neuvième Réunion de l'ACERWC.
11 Les membres du Comité d'Experts a été régulièrement invites aux sessions ordinaires de la Commission Africaine des Droits Humains et des Peuples et le Président de la Commission a pris part à une réunion du Comité sur les Droits de l'Enfant. La septième Réunion du Comité Africain d'Experts sur les Droits et le Bien-être de l'Enfant: Rapport Provisoire de l'Institut pour les Droits Humains et le Développement en Afrique, Addis - Abeba, du 19 au 21 décembre 2005. Inédit.
12 Union Africaine, 9ème Réunion du Comité Africain d'Experts sur les Droits et le Bien-être de l'Enfant, du 29 au 31 mai 2007.
13 Rapport de la Réunion de Réflexion approfondie sur la Commission Africaine des Droits Humains et des Peuples, des 9 et 10 mai 2006, Hôtel Corinthia Atlantic, Banjul, La Gambie, Commission des Droits Humains et des Peuples de l'Union Africaine. Voir également le titre de Mireille Affa'a Mindzie, "Les conséquences de la fusion de la Cour africaine sur les droits de l'homme et des peuples et la Cour de Justice de l'Union africaine sur la procédure de communications individuelles devant le Comité africain d'experts sur les droits et le bien-être de l'enfant", Banjul, July 2005. Inédit.
14 Voir les Articles 3 et 4 du Protocole de 1998.
15 Voir l'Article 5 du Protocole de 1998.
16 Avant-projet du Protocole sur le Statut de la Cour Africaine de Justice et des Droits Humains, Réunion du Conseil des Représentants Permanents et des Experts Juridiques en Affaires Juridiques, 16-19 mai 2006, Addis Ababa, Ethiopie, EX.CL/211 (VIII) Rev. 1.
17 Voir aussi l'article 8 du Protocole de 1998 qui exige qu'il devrait y avoir "complémentarité entre la Commission et la Cour" quand on détermine leurs Règlements de Procédure.

149

18 Rapport des Activités de la Cour exercice 2006, Assemblée de l'Union Africaine, Huitième Session Ordinaire, les 29 et 30 janvier 2007, Addis Ababa, Ethiopie, Assemblée/AU/8 (VIII).

19 Article 46 du Protocole Fusionné.

20 Art. 6 (1) et (2), Acte Constitutif de l'Union Africaine (disponible sur *http://www.africa-union.org/root/au/AboutAU/Constitutive_Act_en.htm* ; visité le 7 août 2007).

21 Art. 9 (1) (b) de l'Acte Constitutif de l'UA.

22 Article 45 (2) ACRWC.

23 Art. 9 (1) (e) de l'Acte Constitutif de l'UA.

24 Protocole portent création du Conseil de Paix et Sécurité de l'Union Africaine (disponible sur *http://www.africa-union.org/root/au/Documents/Treaties/Text/Protocol_peace%20and%20security. pdf* ; visité le 7 août 2007).

25 Article 3 (f) du Protocole du CPS.

26 Article 14 du Protocole du CPS.

27 Articles 5 (c) et 17 de l'Acte Constitutif de l'UA.

28 Déclaration Solennelle AHG/Decl.4 (XXXVI) sur la Conférence sur la Sécurité, la Stabilité, le Développement et la Coopération en Afrique (CSSDCA), adopté par la 36ème Session Ordinaire de l'Assemblée des Chefs d'Etats et de Gouvernements de l'OUA, tenue à Lomé, Togo, du 10 au 12 juillet 2000.

29 Déclaration AHG/Decl.1 (XXXVII) sur le Nouveau Partenariat pour le Développement de l'Afrique (NEPAD), adoptée par la 37ème Session Ordinaire de l'Assemblée des Chefs d'Etats et de Gouvernements de l'OUA, tenue à Lusaka, Zambie, du 9 au 11 juillet 2001.

30 Voir Historique de la Conférence sur la Sécurité, la Stabilité, le Développement et la Coopération en Afrique (CSSDCA), Département des Affaires Etrangères, République d'Afrique du Sud, juin 2002 (disponible sur *http://www.au2002.gov.za/docs/background/cssdca. htm* ; visité le 26 juin 2007).

LA LIBERTÉ D'EXPRESSION EN AFRIQUE

ENTREVUE AVEC LA COMMISSAIRE FAITH PANSY TLAKULA, RAPPORTEUR SPÉCIAL SUR LA LIBERTÉ D'EXPRESSION EN AFRIQUE

Le membre de la Commission Africaine des Droits Humains et des Peuples ayant une responsabilité spéciale pour la liberté d'expression parle à Hakima Abbas à propos du fonctionnement du système africain des droits et les défis qu'il fait face.

Hakima Abbas (HA): Pourriez-vous nous donner un bref aperçu sur la situation de la liberté d'expression en Afrique ?

Faith Pansy Tlakula (FPT): Il est difficile de donner un aperçu de la situation en Afrique dans son ensemble. Comme je l'ai fait remarquer à plusieurs reprises depuis mon affectation, les normes existent en principe et la liberté d'expression est en effet protégée en Afrique par différents instruments. Ainsi, pour ce qui est de l'adoption des instruments, il ne semble y avoir aucune question. Cependant, dans la pratique, la liberté d'expression n'est pas encore une réalité pour beaucoup de gens sur le continent donc la question réside dans la mise en œuvre des principes qui existent. Alors qu'en Afrique les médias ont commencé d'agir comme la pierre angulaire de la démocratie et la source de l'information équilibrée dans certains Etats, il est clair qu'il y a toujours lieu de s'améliorer dans le domaine de la liberté d'expression.

Dans mes rapports à la Commission Africaine des Droits Humains et des Peuples (ci-après désignée la commission), j'ai à maintes reprises exprimé mes préoccupations concernant les rapports faisant état de violations du droit à la liberté d'expression dans un certain nombre d'Etats africains et je reçois constamment a certain nombre de rapports du genre.

Ces allégations incluaient, mais sans s'y limiter:

- au harcèlement, aux menaces et à l'intimidation de journalistes et de praticiens des médias, à l'interférence politique injustifiée dans la presse, à la victimisation des maisons de presse considérées comme une presse qui critique les politiques gouvernementales, à la saisie des publications et à la destruction de l'équipement, et à la fermeture des établissements médiatiques privés

- à l'adoption de lois ou d'amendements répressifs de la législation existante qui limitent la liberté d'expression et la libre circulation de l'information
- à des rapports de disparitions, d'arrêts arbitraires et de détention de journalistes et de praticiens des médias qui, dans certains cas, sont détenus incommunicado et pour de longues périodes de temps sans actes d'accusations ou sans procédures judiciaires normales
- à des meurtres de journalistes dans l'impunité, à la torture et aux autres formes de mauvais traitements et à la mort en détention de journalistes et de praticiens des médias.

HA: Quels sont les mécanismes mis en place en Afrique pour garantir la liberté d'expression?

FPT: La Commission Africaine des Droits Humains et des Peuples fut créée en 1987 en vertu de l'Article 30 de la Charte Africaine des Droits Humains et des Peuples (ci-après désignée la charte) avec mandat spécifique de promouvoir les droits humains et des peuples et d'assurer leur protection en Afrique. Le mandat promotionnel de la commission implique l'éducation et la sensibilisation afin de créer une culture de respect des droits humains sur le continent. Le mandat protecteur de la commission entraîne essentiellement la réception et l'examen des plaintes alléguant les violations de droits humains. En plus de ces deux mandates principaux, la commission est aussi habilitée d'interpréter la charte sur demande d'un Etat partie, de l'Union Africaine (UA), ou d'une institution reconnue par l'UA.

Sous l'Article 9, la Charte garantit à tout individu le droit de recevoir l'information et d'exprimer et diffuser ses points de vue dans les limites de la loi. Même si ce droit est considéré comme la Pierre angulaire du développement, on pourrait dire que sa protection sous la charte a été sérieusement diluée par la clause de récupération insérée au sein du même article. En effet, alors que le premier paragraphe garantit à chaque individu le droit illimité de recevoir l'information, le droit à chaque individu d'exprimer et de diffuser leurs points de vue dans les limites de la loi, tel qu'en dispose le paragraphe 2, pourrait être interprété par certains Etats d'une manière qui lui impose des limites non-raisonnables.

Consciente de l'importance de respecter le droit à la liberté d'expression dans le développement de la démocratie, des droits humains et du développement durable, et face aux nombreuses violations du droit à la liberté d'expression, la commission a, au fur des années, adopté différentes mesures pour renforcer la promotion et la protection de ce droit.

L'une des premières initiatives prises par la commission était à travers des déclarations et des recommandations faites dans le cadre des communications individuelles. En effet, la Commission Africaine des Droits Humains et des Peuples a, à travers sa procédure de communication et la vaste interprétation des pouvoirs dont ils jouit sous la charte, développé la jurisprudence sur les droits humains et des peuples en général, et le droit à la liberté d'expression, en particulier.

La commission s'est également occupée des questions de liberté d'expression en Afrique à travers des résolutions, des déclarations et en promouvant le dialogue avec les Etats membres lors de l'examen des rapports des Etats, ou quand les commissaires effectuent des missions promotionnelles et d'établissements des faits.

Bien plus, à sa 32ème session ordinaire tenue à Banjul, La Gambie en octobre 2002, la commission a adopté, par résolution, la Déclaration sur les Principes de Liberté d'Expression en Afrique. La déclaration fixe d'importantes phases et donne en détails la signification précise et l'étendue des garanties de liberté d'expression inscrites sous l'Article 9 de la Charte Africaine des Droits Humains et des Peuples.

Au vu de la situation du droit à la liberté d'expression en Afrique, la Commission Africaine des Droits Humains et des Peuples a au départ affecté un Rapporteur Spécial sur la Liberté d'Expression en Afrique en décembre 2004. Je fus affecté comme détenteur du mandat en décembre 2005.

L'état de la liberté d'expression sur le continent africain a poussé la commission à adopter une résolution en novembre 2006. Exprimant ses préoccupations portant sur la situation actuelle, la commission lança un appel aux Etats de:

Prendre toutes les mesures nécessaires afin de respecter leurs obligations sous la Charte Africaine des Droits Humains et des Peuples et d'autres instruments internationaux, y compris la Déclaration Universelle des Droits de l'Homme et la Convention Internationale sur les Droits Civils et Politiques qui guarantissent le droit à la liberté d'expression mais également de:

Accorder leur totale collaboration avec le mandat du Rapporteur Spécial sur la Liberté d'Expression en Afrique, afin de renforcer le droit à la liberté d'expression sur le continent africain et le travail vers la mise en œuvre effective des principes que contient la Déclaration des Principes sur le Liberté d'Expression en Afrique et les autres normes de droits humains applicables dans la région afin d'atteindre cet objectif.

Enfin, afin d'assurer la mise en oeuvre effective de la charte, l'UA a créé la Cour Africaine des Droits Humains et des Peuples (la cour) sous le Protocole à la Charte Africaine des Droits Humains et des Peuples créant une Cour Africaine des Droits Humains et des Peuples (le protocole). Le protocole fut adopté en juin 1998 et il est entré en vigueur en janvier 2004. Vingt-trois Etats ont jusqu'à présent ratifié le protocole et la cour est maintenant opérationnelle. La cour va servir en qualité d'arbitre et de conseiller. Selon le préambule et les Articles 2 et 8 du protocole, la cour complète le mandat de protection de la commission sous l'Article 45 (2) de la charte. Contrairement à la commission, les décisions de la cour sont obligatoires et finales et ne peuvent pas faire l'objet d'un appel.

Sous l'Article 3 du protocole:

1. La Cour a compétence pour connaître de toutes les affaires et de tous les différends dont elle est saisie concernant l'interprétation et l'application de la Charte, du présent Protocole, et de tout autre instrument pertinent relatif aux droits de l'homme et ratifié par les Etats concernés.

2. En cas de contestation sur le point de savoir si la Cour est compétente, la Cour décide.

La cour peut ainsi appliquer les autres traits de droits humains ratifiés par les Etats africains.

Le protocole permet également à la cour de publier des points de vue consultatifs, conformément à l'Article 4, qui dispose que:

1. À la demande d'un Etat membre de l'OUA, de l'OUA, de tout organe de l'OUA ou d'une organisation africaine reconnue par l'OUA, la Cour peut donner un avis sur toute question juridique concernant la Charte ou tout autre instrument pertinent relatif aux droits de l'homme, à condition que l'objet de l'avis consultatif ne se rapporte pas à une requête pendante devant la Commission.

2. Les avis consultatifs de la Cour sont motivés. Un juge peut y joindre une opinion individuelle ou dissidente.

154

À part cela, la cour pourrait aussi « essayer d'aboutir à une résolution à l'amiable dans un dossier en attente auprès d'elle conformément aux dispositions de la Charte'.

HA: Quels sont les défis pour garantir le respect de la liberté d'expression en Afrique?

FPT: Visiblement, il y a beaucoup de défis mais ils diffèrent également de pays en pays. Dans certains cas, ça pourrait être le manque de compréhension des principes, dans d'autres, un mépris total à leur endroit, ce qui montre l'importance de l'adoption, pour cette question, d'une approche basée sur les spécificités des pays.

Comme je l'ai mentionné auparavant, les Etats africains sont obligés de respecter les principes existants en matière de liberté d'expression. Ils doivent assurer le respect des droits reconnus par la Charte Africaine des Droits Humains et des Peuples et soutenir la Commission Africaine des Droits Humains et des Peuples dans son travail pour garantir la mise en œuvre de la charte. En outre, le Principe XVI de la Déclaration des Principes sur la Liberté d'Expression en Afrique dispose clairement que: « Les Etats parties à la Charte Africaine des Droits de l'Homme et des Peuples ne devraient ménager aucun effort pour mettre application ces principes.»

L'on ne devrait pas être trop pessimiste, cependant, puisque les progrès réalisés au cours des quelques dernières décennies ne méritent ni d'être sous-estimés ni oubliés. Ces réalisations, qui incluent l'adoption de la Déclaration des Principes sur la Liberté d'Expression en Afrique et l'affectation d'un Rapporteur Spécial sur la Liberté d'Expression, doivent tout simplement être vues comme la fondation sur la quelle nous devons maintenant construire un continent africain caractérisé par une presse libre et la libre circulation de l'information.

HA: Quels sont votre rôle et votre mandat en tant que Rapporteur Spécial pour la Liberté d'Expression?

FPT: En un mot, mon rôle en tant rapporteur spécial est de suivre de près la liberté d'expression en Afrique et faire rapport à la Commission Africaine des Droits Humains et des Peuples en conséquence. Mon rôle inclut le suivi des violations du droit à la liberté d'expression sur le continent, de faire des recommandations à la commission en ce qui concerne les mesures pour aborder les violations et aider les Etats membres de l'UA à réviser leurs lois et politiques nationales en matière de médias afin de respecter les principes décrits dans la déclaration. Mon mandat est aussi en partie de prendre des mesures au nom des personnes dites victimes des violations du droit à la liberté d'expression, y compris en envoyant des appels aux Etats membres, leur demandant des clarifications sur les rapports qui me sont transmis par différentes sources dignes de foi.

En plus des résolutions pertinentes de la commission, et conformément à ces dernières, mon travail reflète les dispositions de la Charte Africaines des Droits de l'Homme et des Peuples, la Déclaration des Principes sur la Liberté d'Expression en Afrique de même que les autres instruments internationaux et régionaux de droits humains pertinents y compris la Déclaration Universelle des Droits de l'Homme (spécialement l'Article 19), le Pacte International Relatif aux Droits Civils et Politiques (spécialement l'Article 19), de même que les autres traités, résolutions, conventions et déclarations en rapport avec le droit à la liberté d'opinion et d'expression.

Selon la résolution sur le mandat et l'affectation d'un rapporteur spécial sur la liberté d'expression en Afrique, mon mandat inclut:

- Analyser la législation médiatique nationale, les politiques et la pratique au sein des Etats membres, faire le suivi de leur respect des normes pour ce qui est de la liberté d'expression en général et de la Déclaration des Principes sur la Liberté d'Expression en particulier, et en aviser les Etats membre en conséquence
- Entreprendre des missions d'investigation auprès des Etats membres là où les rapports font état de violations massives du droit à la liberté d'expression et faire des recommandations appropriées à la commission
- Entreprendre des missions dans les pays et toute autre activité promotionnelle qui renforcerait la jouissance totale du droit à la liberté d'expression en Afrique
- Faire des interventions publiques là où les violations du droit à la liberté d'expression ont été portées à l'attention du rapporteur. Ceci pourrait être sous forme de publier des déclarations publiques, des communiqués de presse, ou des appels urgents;
- Garder des archives correctes sur les violations du droit à la liberté d'expression et publier ces données dans les rapports soumis à la commission
- Soumettre les rapports à chaque session ordinaire de la commission, sur la situation de la jouissance du droit à la liberté d'expression en Afrique.

En s'acquittant de ce mandat, il est possible et, je crois, hautement souhaitable pour moi de tenir des réunions avec des autorités gouvernementales afin de faire des recommandations à propos de l'application des normes acceptées en matière de liberté d'expression. Ce rôle de conseiller est crucial pour la réussite de ce mandat; j'espère que les Etats membres vont progressivement la voir comme un instrument utile qui doit les aider à respecter leurs obligations sous la loi internationale en matière humaine.

HA: Quel est le rapport entre le rapporteur spécial et la Commission Africaine des Droits Humains et des Peuples?

FPT: C'est un rapport très proche. En effet, contrairement aux rapporteurs spéciaux des Nations Unies, par exemple, qui sont des experts indépendants, les rapporteurs spéciaux sont membres de la commission, de vrais commissaires, qui sont affectés pour assumer un mandat spécifique. Ceci signifie que je ne suis pas seulement Rapporteur Spécial sur la Liberté d'Expression en Afrique mais aussi je suis l'un des 11 membres qui forment la commission.

En outre, compte tenu du fait que nous travaillons à temps partiel comme commissaires, le gros du travail est confié au secrétariat de la commission. Le secrétariat, par exemple, aidera à la préparation des missions, à la rédaction des projets de rapports de missions, de discours, entreprendra des recherches, organisera des ateliers et séminaires, fera la recherche de financements des activités, etc. Pour le moment, il y a au secrétariat un responsable juridique qui est précisément assigné pour mon mandat.

HA: Quel impact votre rôle en tant que rapporteur spécial, et le travail de la Commission Africaine des Droits Humains et des Peuples dans un sens plus large, ont-ils sur les droits humains pour les gens de l'Afrique?

FPT: Le travail de la commission a un impact de plusieurs façons comme vous pouvez le constater à partir des réponses aux questions précédentes. Par exemple, sous son mandat promotionnel, la commission renforce la prise de conscience à propos des normes existantes en matière de droits humains et elle peut aider à l'élaboration de ces normes. Par exemple, en ce qui concerne la liberté d'expression, je pourrais mentionner l'adoption de la Déclaration des Principes de Liberté d'Expression, qui donne les détails sur l'Article 9 de la Charte Africaine des Droits Humains et des Peuples.

La déclaration est en effet un bon exemple de l'impact du travail de la commission en général et du mandat du Rapporteur Spécial sur la Liberté d'Expression en Afrique en particulier, qui a été la clé à l'élaboration de la déclaration.

HA: D'aucuns pourraient dire que, vu la poursuite sans cesse des violations de droits humains qui secouent le continent, le système africain des droits humains y compris la commission est un échec. Seriez-vous d'accord ou pas d'accord et pourquoi?

FPT: Bien entendu, je ne serais pas d'accord que le système est un échec. Clairement, il reste des défis énormes, mais nous devons aussi voir les réalisations, même si parfois ces dernières semblent très limitées comparativement aux défis. De façon réaliste, la situation sur le continent ne changera pas du jour au lendemain mais nous devons être optimistes et utiliser nos forces et construire sur nos réalisations pour aller de l'avant au lieu de penser à nos erreurs du passé – d'aucuns pourraient dire nos échecs – à moins que nous ne regardions en arrière pour tirer des leçons à partir de ces expériences du passé.

HA: Qu'est-ce que vous considérez comme les défis et les points forts de la Commission Africaine des Droits Humains et des Peuples?

FPT: Je pense que nous connaissons tous les défis, y compris les ressources limitées (financières et en personnel), qui créent un tas d'autres difficultés. Cependant, puisque nous célébrons le 20ème anniversaire, je voudrais mettre un accent sur les forces de la commission, qui incluent son « accessibilité ». La commission est le forum où les ONG, les individus et les autres personnes dites victimes de violations de droits humains peuvent faire entendre leurs voix. C'est aussi le lieu où un véritable dialogue peut être initié entre les Etats membres et les personnes présumées victimes ou les organisations qui veulent porter une situation à l'attention du public dans l'ensemble. Il convient de noter que depuis la dernière session ordinaire, le nombre d'ONG qui jouissent du statut d'observateur auprès de la commission a atteint 367 et que le nombre d'institutions nationales de droits humains avec statut d'affilié a également augmenté au fur des années.

HA: En novembre 2007, la Commission Africaine des Droits Humains

et des Peuples va célébrer sa 20ᵉᵐᵉ année d'existence. Qu'est-ce qui vous semble être la plus grande réalisation de la commission?

FPT: La sensibilisation et le reconnaissance accrues, par différents intervenants, du travail fait par la commission. Le fait d'avoir existé 20 ans est une réalisation en effet, mais en même temps, 20 ans c'est plutôt une période courte pour qu'une institution avec un mandat aussi vaste et de grande envergure comme celui de la Commission Africaine des Droits Humains et des Peuples, étant donné tous ces défis auxquels elle doit faire face. Nous devons voir ce qui a été réalisé jusqu'à présent, faire le bilan et nous fixer des objectifs réalistes pour l'avenir.

HA: Qu'est-ce qui renforcera, à votre idée, le travail et l'impact de la CADHP?

FPT: J'ai mentionné la reconnaissance croissante du travail fait par la commission, mais il faut que la commission atteigne une audience plus vaste, au niveau de la base. Je crois que mieux le mandat et le travail de la commission sont mieux compris par tout le monde sur le continent, et à l'étranger, plus grand est la légitimité de la commission et par conséquent plus de collaboration elle recevra des Etats membres de l'UA. Il nous faut construire davantage de ponts.

HA: Comment la société civile et les citoyens en Afrique peuvent-ils aider à assurer la liberté d'expression sur le continent?

FPT: Il est visiblement nécessaire que la société civile, les ONG et les autres acteurs y compris moi-même en tant que Rapporteur Spécial sur la Liberté d'Expression en Afrique, de continuer à renforcer la prise de conscience des principes de liberté d'expression en Afrique, de mener la campagne de mise en œuvre des instruments pertinents et de lancer des appels aux gouvernements pour qu'ils respectent leurs obligations sous la loi internationale en matière de droits humains en adaptant leurs lois aux normes internationales en la matière. La société civile et les citoyens de l'Afrique peuvent également aider en collaborant avec mon mandat, par exemple en continuant d'envoyer les informations sur les allégations de violations de droits.

Seule la collaboration entre tous les acteurs impliqués, y compris, bien entendu, la pleine participation des Etats, peut finalement mener au respect total du droit à la liberté d'expression sur le continent africain, et ainsi à la véritable cohabitation des nations basée sur les principes de démocratie. En effet, ensemble nous pouvons aider les Etats à mettre en œuvre ces principes en adoptant une approche culturellement sensible, en tenant compte des différentes situations qui prévalent dans chaque pays et région du continent. C'est là que l'importance de renforcer la prise de conscience devient réellement pertinente et c'est de là que le travail d'un mandat tel que le mien tire toute sa signification.

CÉLÉBRATION DE PETITES VICTOIRES?
LE ZIMBABWE À LA COMMISSION AFRICAINE
DES DROITS DE L'HOMME ET DES PEUPLES

OTTO SAKI

Le cas du Zimbabwe a fourni un excellent exemple des pailles et des accomplissements du propre système africain pour défendre les droits humains de ses citoyens contre des attaques provenant de leurs propres gouvernements.

Introduction

La situation au Zimbabwe a continué de se dégrader et d'attirer l'attention et l'intérêt aux plans international, régional et sous-régional.[1] La Commission Africaine des Droits Humains et des Peuples (la Commission) est l'une de telles organisations intergouvernementales qui ont reçu plusieurs appels portant sur des violations de droits humains: sur la liberté d'expression, la torture, la violence liée à la politique et causée par la politique, entravant les opérations des mécanismes juridiques et indépendants à l'échelle nationale, des évictions forcées sous prétexte de campagnes de nettoyage, entre autres questions. Les interventions ont été organisées compte tenu des violations et affronts à l'endroit de la Charte Africaine des Droits Humains et des Peuples (la Charte) à laquelle le Zimbabwe est partie.[2] Le niveau, la nature et la mesure de l'intervention par la Commission sont très discutables, connaissant son mandat, l'exécution et la nature des recommandations. Alors que l'Afrique est perçue comme connaissant les abus de droits humains les plus nombreux et les plus affreux, ses mécanismes de droits humains demeurent sérieusement inadéquats ou dans la majorité de cas délibérément bloqués par les actions des Etats. Ceci se moque indubitablement des efforts des hommes et des femmes qui offrent leurs prestations comme commissaires et comme

161

juges à la Cour Africaine des Droits Humains et des Peuples (la Cour). Cela dit, il faudrait noter que la Commission a traversé une phase remarquable de croissance et a vécu sa bonne part de défis, mais on peut en conclure sans se tromper que c'est l'une des institutions critiques dont dispose l'Afrique, et ce sans alternative, et pour certains Etats elle est devenue une source d'extase et pour d'autres une source de douleur, même si, à ce stade, on ne peut pas souhaiter la suppression de la Commission.

Session de la Commission

Le travail des institutions intergouvernementales régionales et sous-régionales de droits humains reste très étroitement lié au travail des organisations de droits humains et le Zimbabwe n'est pas une exception. À travers l'obtention du Statut d'observateur, les organisations sont effectivement reconnues non seulement par la Commission mais effectivement par l'Union Africaine. Actuellement, plus de 7[3] organisations ayant le statut d'observateur devant la Commission ont été impliquées à plusieurs égards dans la mise en œuvre des droits de la Charte au Zimbabwe.[4] Le travail avec la Commission sur le Zimbabwe a gagné de l'espace considérable durant la 31ème session de la Commission, lorsque le Zimbabwe était à l'ordre du jour pendant le Forum des ONGs, ce qui a eu pour conséquence la prise d'initiatives par le gouvernement du Zimbabwe d'accepter une mission devant se rendre compte des faits sur terrain en matière de droits humains.[5] Le Forum des ONGs africaines fut plus tard saisie de la communication de la part du Forum des ONGs de droits humains au Zimbabwe, en faisant la première communication substantielle sur le Zimbabwe.[6] Avec l'adoption d'une décision par la Commission d'envoyer une mission devant se rendre compte des faits, Harare est devenu de plus en plus agressif dans sa position publique face aux organisations de droits humains et face à la Commission elle-même. Cela a marqué le début des attaques verbales croissantes contre la Commission et les commissaires, malheureusement avec peu ou pas de protection, du moins publiquement, du travail de la Commission par l'Union Africaine.[7] Cela donne une base de supposer que les attaques à l'égard de la Commission étaient justifiées, pourtant elles étaient en effet sans pertinence.

Mission d'etablissement des faits au Zimbabwe

La Commission a mené sa première mission visant à établir les faits au Zimbabwe du 24 au 28 juin 2002,[8] plusieurs réunions furent tenues avec les ministères du gouvernement notamment celui de l'intérieur et de la justice, avec des membres du secteur judiciaire, des défenseurs et avocats de droits humains de même que diverses organisations de la société civile.

Quand le rapport fut présenté au gouvernement du Zimbabwe, des attaques et des critiques sans égales à l'égard de la Commission furent publiées. «The Herald», un journal contrôlé par l'Etat, écrivit le 6 juillet 2004: «Selon les sources, le rapport (de la Commission Africaine) ressemblait aux rapports produits par la fondation « Amani Trust » qui est financée par la Grande-Bretagne, qui est très bien connue pour sa position anti-Zimbabwe et falsifiait la situation dans le pays. » Un éditorial dans le Sunday Mail du 11 juillet indiquait: «En lisant le rapport [de la Commission Africaine], on détecte la main d'un avocat zimbabwéen connu et des racistes d'Amani ».[9]

Dans une autre diatribe y relative, les papiers se sont plaints: «Les Panafricanistes qui veulent prendre au sérieux l'Organisation de l'Unité Africaine (OUA) et son successeur, l'UA, trouvent assez confus et démoralisant le débat sur le rapport frauduleux à cause de l'échec des journalistes africains, qui spécialement, ne sont pas parvenus à aller au-delà des événements superficiels contenus dans l'histoire : c'est-à-dire que la Commission Africaine des Droits Humains et des Peuples a tenu quelques audiences et produit un rapport frauduleux avec l'assistance des Britanniques, d'autres bailleurs de fonds et de certaines ONGs (organisations non gouvernementales) racistes. Ce qui manque dans l'histoire est le fait que ce rapport est le plus récent d'une série de mensonges, spécialement à propos du Zimbabwe et contre le Zimbabwe.[10]»

Plusieurs autres déclarations furent faites plus tard par le gouvernement en attaquant le travail de la Commission. Le rapport de la mission sur les faits fut adopté par la Commission dans son 17ème Rapport d'Activités, le gouvernement du Zimbabwe créant un cafouillage dans l'adoption du rapport par le Conseil Exécutif des Ministres et effectivement l'Union Africaine.[11] Il fut accordé au gouvernement du Zimbabwe l'opportunité de fournir des réponses supplémentaires aux questions soulevées et finalement le rapport fut adopté par l'Union Africaine avec la réponse du Zimbabwe presque 3 ans plus tard.[12] Il convient de rappeler que les conclusions de la Commission restent en grande partie non-exécutées et que les droits sont davantage bafoués. [13]

Suivant les évictions forcées en mai 2005, les Nations Unies ont expédié un envoyé spécial chargé de l'habitat humain, alors que l'Union Africaine ont envoyé dans la précipitation le Rapporteur Spécial sur les Réfugiés, demandeurs d'asile et personnes déplacées en Afrique pour une mission semblable. Le gouvernement du Zimbabwe refusa aux Rapporteurs Spéciaux l'opportunité d'effectuer toute visite sous l'argument que les procédures requises de l'Union Africaine n'avaient pas été suivies.[14] L'envoyé de l'Union Africaine a passé une semaine en « cantonnement solitaire » à son hôtel, une évolution très malheureuse si l'on considère le rôle, l'importance et la présence des institutions régionales.

Communications et mécanismes spéciaux

Avec l'augmentation des attaques à l'égard des défenseurs des droits humains, des femmes activistes, des journalistes, il y a eu une réaction limitée pour les divers mécanismes sous la Commission Africaine, y compris les Rapporteurs Spéciaux sur les Défenseurs de Droits Humains[15] et sur la Liberté d'Expression.[16] La difficulté avec de tels mécanismes, comme sous d'autres systèmes semblables, est le fait de ne pas arriver à fournir des ressources humaines et financières appropriées pour faire le suivi total de la plupart de leurs appels. Les gouvernements ont, dans une grande mesure, pris au sérieux les appels urgents, et le gouvernement du Zimbabwe semble avoir répondu à la plupart des appels, même si l'on peut disputer si les réponses ont abordé les questions soulevées ou créé des justifications pour les violations continues sous la couverture de contrôler la loi et l'ordre. La Commission a dirigé une audience sur le Zimbabwe aux termes de l'Article 46[17] de la Charte qui permet à la Commission de recourir à n'importe quelle forme de mécanisme pour faire des enquêtes ou poser des questions sur la situation des droits humains dans un Etat partie. Dans sa manifestation habituelle de dédain à l'égard de tout travail pratique et critique de la Commission, la délégation venue du Zimbabwe a refusé de participer à la réunion en citant des pratiques injustes et des irrégularités au niveau des procédures dans la constitution de l'audience. Il est intéressant de noter que durant la même session la délégation du Zimbabwe distribuait des éditions imprimées du magazine « New African » et deux rapports produits par la Police de la République du Zimbabwe (ZRP en sigle anglaise).[18] La crédibilité de la police nationale et en particulier ses branches et unités chargées de la collecte du renseignement a été défiée.[19]

On peut soutenir que, après les communications soumises sur le Nigeria pendant le régime militaire, le Zimbabwe a le plus grands nombres de communications devant la commission. Les sujets des pétitions sont divers : de la liberté d'expression, les évictions forcées, l'indépendance des institutions nationales comme celle de la justice, les exécutions extrajudiciaires et sommaires, la torture, les mécanismes législatifs et constitutionnels inadéquats.[20]

Des victoires devant la Commission

Le travail avec la Commission a présenté et présente beaucoup de défis tout comme il est bénéfique. Des communications soumises au moins une s'est terminée et a conclu que le Zimbabwe a violé les obligations de la Charte. En avril 2006, la Commission a publié des mesures provisoires en rapport avec les évictions forcées, instruisant le gouvernement de prendre des mesures urgentes et appropriées pour apaiser la détérioration générale de la santé des individus souffrant des maladies mortelles qui, à la suite des évictions forcées menées sous Opération Murambatsvina,[21] manquaient d'accès au traitement anti-rétrovirus, aussi pour assurer que les enfants en âge scolaire ne sont pas privés des opportunités de faire leurs examens de fin d'études, de même que donner l'abri et le traitement médical aux personnes âgées et aux malades.[22]

Alors que les procédures de la Commission continuent de nécessiter des réformes, il est critique de noter avec honneur l'importance de la décision sur l'admissibilité d'une communication. En pas moins de quatre incidents séparés; la Commission a jugé que les communications soumises par le Zimbabwe étaient admissibles. L'effet d'une telle décision fournit une preuve de l'insuffisance des mécanismes et institutions de protection des droits humains au Zimbabwe et l'absence de remèdes efficaces locaux aux violations de droits élaborées dans les communications.

De telles décisions constituent un acte d'accusation à l'endroit du secteur judiciaire de même qu'un indicateur significatif et sans aucune ambiguïté que le secteur judiciaire et le système de livraison de justice au Zimbabwe ne garantissent plus la jouissance des droits humains et des libertés fondamentales universellement reconnus.[23]

Dans la communication 245/02, Zimbabwe Human Rights NGO Forum/ Republic of Zimbabwe, la Commission a fait des recommandations en rapport avec les violations de la Charte concernant la violence liée aux élections de 2000 et 2002, de même que la violence orchestrée au cours de la réforme foncière chaotique. Dans une déclaration, le forum des ONGs a noté que la «Commission a trouvé le Gouvernement du Zimbabwe en violation des articles 1 et 7 de la Charte Africaine. Ceci signifie que le Gouvernement du Zimbabwe avait violé le droit à la protection de la loi et qu'il n'a pas réussi à mettre en place des mesures d'assurer la jouissance de ces droits par les Zimbabwéens. L'endossement de la décision par l'Union Africaine est la reconnaissance par les Chefs d'Etats qu'il y a des violations de droits humains au Zimbabwe »

Ingérence politique et blocage du travail de la Commission

Vu que les organisations de la société civile et de droits humains ont enregistré et célébré de tels succès, le gouvernement du Zimbabwe a élevé son accent sur le travail de la Commission. Il a créé des synergies avec des pays ayant le même esprit qui ont également une histoire moins impressionnante de s'attaquer à la Commission, de bloquer et de se moquer du travail de la Commission.

De telles péripéties de procédures ont causé les retards dans la publication du rapport de la mission d'Etablissement des faits de 2002 de même que la décision sur la Communication 245/05. S'agissant de la Communication 245/05, le gouvernement du Zimbabwe a fait des requêtes à la Commission bien après la fin de toutes les enquêtes et auditions. Il est préoccupant de noter l'agrément et le silence visible des Chefs d'Etats à l'Union Africaine,[24] qui dans une grande mesure, n'a pas réussi à soutenir la Commission à la lumière des gouvernements qui font des grimaces. De plus, la non-mise en œuvre des recommandations de la Commission demeure une grande préoccupation.

Leçons pour l'Afrique : rien d'appris et rien d'oublié!

La Commission est une création de l'Union Africaine, avec un mandat de faire le suivi, de promouvoir et de protéger les droits tels qu'ils sont repris dans la Charte, la même Charte qui rend obligatoire de mettre en œuvre les mécanismes législatifs et administratifs suivant l'accomplissement des droits que contient la Charte. Conscient du fait que l'ascension à la Charte et aux instruments semblables est un acte volontaire limitant la souveraineté de l'Etat, la Commission assume un statut unique qui ne cherche ni à handicaper les institutions nationales telles que les Cours ni à les remplacer.

166

Le Zimbabwe a régressé en passant d'un pays que l'on saluait comme le symbole du progrès et du développement à une antithèse de tout principe de développement, d'adhésion aux droits humains, à leur promotion et leur protection. L'importance des institutions supra-nationales dans l'application des normes universelles et régionales de droits humains reste critique, la faiblesse inhérente à ces institutions constitue un acte accusatoire à l'égard des dirigeants du Zimbabwe, et en Afrique. Ça reste la prérogative de tout citoyen progressiste de l'Afrique de sauvegarder ces institutions contre des individus qui se sont attribués les pouvoirs de gouverner, de mal gouverner, de construire et de détruire. S'ils ne sont pas contrôlés et limités par l'invocation des normes universelles célébrées en matière de droits humains, de tels pouvoirs nous conduiront à l'époque du joug et de l'esclavage sous nos yeux. Cette époque sera en effet une époque triste pour l'humanité et l'Afrique.

Notes
1 L'auteur est Coordinateur de Programmes, intérimaire et Gestionnaire des Projets, « International litigation and Human Rights Defenders Projects» auprès des «Zimbabwe Lawyers for Human Rights», et il est actuellement Candidat au diplôme LLM en Droit et Chercheur en Droits Humains à Columbia University dans la cité de New York. Les points de vue exprimés dans cet article sont uniquement ceux de l'auteur.
2 Les autres corps régionaux qui ont tenté ou sont dans le processus de faire de même incluent la Communauté pour le Développement de l'Afrique Australe (SADC) à travers leur organe chargé de la politique, de la sécurité et de la défense, le Tribunal de la SADC attend toujours d'être saisi des dossiers du Zimbabwe.
3 30/05/1986
4 Zimbabwe Lawyers for Human Rights (ZLHR), Human Rights Trust of Southern Africa (SAHRIT), Media Monitoring Project of Zimbabwe (MMPZ), Media Institute of Southern Africa (MISA) Zimbabwe, Zimbabwe Human Right Association (Zimrights), Zimbabwe Association of Doctors for Human Rights (ZADHR), Zimbabwe Human Rights NGO Forum.
5 Il reconnaît le travail des autres organisations non-gouvernementales régionales et internationales qui ont plaidé et plaident toujours en faveur des réformes, de la protection des droits humains au Zimbabwe et dans certains cas fournissant des plateformes au sein et de leurs propres « sphères » pour faire entendre et accorder de l'espace au travail des organisations basées au Zimbabwe.
6 La 31ème session ordinaire de la Commission du 2 au 16 mai 2002, Pretoria, Afrique du Sud.
7 Actuellement ils sont en dépassement avec 13 communications devant la Commission sur le Zimbabwe, dont certaines seront traitées ci-dessous, cependant aucune discussion substantive des communications ne sera faite puisque la plupart d'entre elles sont toujours en attente.
8 Voir la déclaration du Forum des ONG de Droits Humains du Zimbabwe sur http : www. Hrforumzim.com/press/forum on ACHR p.report html (dernier accès le 21 août 2007)
9 La délégation avait à sa tête le Commissaire Barusy Pityana, le Commissaire Jainab Johm de même que Mme. Fiona Adolu, officier juridique.
10 Arnold Tsunga, Tafadzwa R. Mugabe ZLHR, Loi des ONGs du Zimbabwe : dangereux pour les défenseurs de droits humains- Trahit un Degré élevé de la Paranoïa

Gouvernementale et le Mépris à l'égard de la Communauté Régionale et Internationale »,
le 28 juillet 2004. Des hautes autorités du gouvernement et du parti au pouvoir ont fait des
déclarations qui ont incité la violence, soudoyé la torture, encouragé la haine, voir le rapport
par le forum des ONGs de Droits Humains au Zimbabwe, Leurs mots les condamnent : Le
langage de violence, d'intolérance et de dépotisme au Zimbabwe http://www.hrformzim.
com/special hrru/condemed by their own words.pdf.

Voir également le journal The Herald du 6 juillet 2004, «L'UA rejette le Rapport
Condamnant sur le Zimbabwe» Le Ministre des Affaires Etrangères a dit avoir «objecté
contre la présentation du rapport disant qu'on n'avait pas accordé au Zimbabwe le droit de
répondre aux allégations conformément aux exigences concernant des affaires pareilles»,
ajoutant que «le Conseil des Ministres de l'UA» comprenant les Ministres des Affaires
Etrangères des 53 Etats membres de l'UA avait décidé que la Commission n'avait pas sollicité
la réponse de l'Etat membre concerné, laquelle réponse devrait avoir été incluse. Le Ministre
affirme que la Commission n'a pas observé le protocole puisqu'elle a, selon les allégations,
envoyé le rapport au Ministère de la Justice, des Affaires Juridiques et Parlementaires et non
au Ministère des Affaires Etrangères.

11 Dr Tafataona Mahoso a écrit dans le journal Sunday mail le 18 juillet 2004.

12 Le résumé du rapport est disponible sur http:/www.achpro.org/english/activity reports/
activity 17ème Rapports d'Activités couvrent les 34ème et 35ème sessions Ordinaires de la
Commissions Africaine tenues respectivement du 6 au 20 novembre 2003 et du 21 mai au 4
juin 2004 à Banjul, La Gambie.

13 Le rapport fut adopté à la Sixième Session Ordinaire tenue du 24 au 28 janvier 2005 à
Abuja, Nigeria, avec la réponse du Zimbabwe en tant qu'annexe au dit rapport.

14 La règle 33 du Règlement de Procédures de l'Union Africaine, catégorise les différents
types de décisions que l'Union Africaine peut publier et cette définition peut être estimée
applicable aux décisions ou aux conclusions de la Commission, catégorisation des Décisions.
La règle 33.1, les Décisions de l'Assemblée seront publiées sous les formules suivantes: a)
Règles: ces dernières sont adressées à l'un ou l'autre des Etats ou à tous les Etats Membres
qui prendront toutes les mesures nécessaires pour les mettre en oeuvre; b) directives: celles-
ci sont adressées à l'un ou l'autre des Etats ou à tous les Etats membres, à des initiatives ou
à des individus. Elles lient les Etats Membres aux objectifs qui doivent être réalisés tout en
laissant aux autorités nationales le pouvoir de déterminer la forme et les moyens à utiliser
dans leur mise en oeuvre ; c) Recommandations, Déclarations, Résolutions, Opinions, etc. :
Celles-ci ne sont pas obligatoires et elles ont destinées à guider et à harmoniser les points de
vue des Etats Membres. 2. La non-mise en oeuvre des Règlements et Directives entraînera
les sanctions appropriées conformément à l'Article 23 de l'Acte Constitutif. Cependant,
un contre-argument peut être avancé comme quoi l'Article 1 de la Charte dispose « que les
Etats prendront (des mesures) juridiques et administratives nécessaires » indiquant la nature
péremptoire des dispositions de la Charte.

15 Plusieurs raisons qui n'ont pas été prouvées ont été données y compris les irrégularités
procédurales et la mauvaise communication entre Harare et Addis-Abeba, cependant sa
mission est intervenue au lendemain du jour où le gouvernement du Zimbabwe avait été
lourdement réprimandée par la Commission pour ses pratiques en droits humains. Voir par
exemple http://news.amnesty.org/index/ENGAFR460232005

16 Pendant la session de la Commission Africaine, la situation des droits humains a été
intensivement soulignée y compris les rapports des Rapporteurs Spéciaux, Voir le titre «The
Work of Special Rapporteurs at the Africa Commission on Human and Peoples Rights», par
Otto Saki (article inédit écrit par Open Space OSISA)

17 Voir le 22e Rapport d'Activités de la Commission, point 90, disponible sur http://

www.achpr.org/english/activity reports/activity 22 eng.pdf. L'article 46 stipule que « la Commission pourrait recourir à n'importe quelle méthode d'enquête appropriée ; elle pourrait entendre le Secrétaire Général de l'Organisation de l'Unité Africaine ou toute autre personne capable de l'éclairer »

18 L'édition du site internet est toujours accessible à partir de http://www/africasia.com/ services/specials/topics.php?topic: Zimbabwe dernièrement visité le 2 septembre 2007. ZRP a rédigé des rapports «détaillés» sur les actes de violence menés par les forces d'opposition de la Société Civile au Zimbabwe: «Une Vague de violence» http : www.moha.gov.zw/ violencereport.pdf, le premier volume mentionne ZLHR, mais il n'a fait aucune référence spécifique au travail du groupe de juristes. Les Ms Petras, Directeur Exécutif de ZLHR, a demandé que le gouvernement retire les déclarations clairement malicieuses. En réponse le gouvernement a produit, à travers ZRP, un autre rapport mettant l'accent sur ZLHR sous le titre (traduit) les Forces de l'Opposition au Zimbabwe, la Vérité Nue, Volume 2, (http:// www.moha.gov.zw/violencereport 2.pdf)
Le Forum des ONG de Droits Humains du Zimbabwe a produit un rapport en réponse aux rapports de l'Etat sous le titre « At Best falsehood at Worst a Lie » <http://www. hrforumzim.com/special_hrru/At_best_a_falsehood_at_worst_a_lie.pdf>, dernier accès le 2 septembre 2007.

19 Le rapport de la mission d'établissement des faits a recommandé que les institutions telle que la police qui est supposée être professionnelle ; il convient de rappeler que certaines des unités de la police qui avaient l'habitude de collecter le renseignement furent condamnées par la Commission et les recommandations indiquant que « on doit faire tous les efforts pour éviter toute politisation ultérieure du service de la police ... Les activités des unités au sein de la ZRP devraient être démantelées. Il est important d'extraire un récent point de vue publié dans The Herald « Rien de mal si la police, l'armée se montrent partisanes» par Godwills Masimirembwa http://www.herald.co.zw/inside .aspx?sectid=23989&cat=10

20 ZLHR a soumis au moins 8 cas, au moment où plusieurs autres organisations nationales et internationales ont soumis au moins 8 autres communications, suite au fait que la plupart d'entre elles attendent toujours devant la Commission les détails des communications ne seront pas reproduits. Pour une brève analyse et un résumé des affaires, voir également le titre « Litigating before the African Commission on Human and Peoples Rights », par Arnold Tsunga et Otto Saki.

21 « L'Operation Murambatsvina/Drive out the Filth/Restore Order» fut notée dans le rapport par la Commission de l'Envoyé Spécial de l'ONU sur les questions d'habitats humains au Zimbabwe, comme quoi elle « a été menée d'une manière désordonnée et injustifiée, avec indifférence devant la souffrance humaine, et à plusieurs reprises, en ignorant plusieurs dispositions des cadres juridiques nationaux et internationaux. Il faut prendre des mesures immédiates pour que les auteurs soient amenés à assumer leurs responsabilités, et que des compensations soient de revenus ». Le rapport fut également attaqué par le gouvernement du Zimbabwe. www.unhabitat.org/downloads/docs/166496507 Zimbabwe Report.pdf. Dernière visite en août 2007.

22 ZLHR, SAHRIT requête de la République du Zimbabwe pour des Mesures Provisoires sous la Règle 111 du Règlement de Procédures de la Commission.

23 Voir déclaration complète par ZLHR « la Commission Africaine Adopte la Résolution clé sur la situation des Droits Humains et Prend les Décisions dans plusieurs dossiers contre le gouvernement du Zimbabwe » http://www.zlhr.org.zw/media/releases/jan 04.htm dernière visite en août 2007.

24 Le 16 mars 2007, l'Union Africaine a publié une déclaration sur le Zimbabwe: « Le Président de la Commission, Alpha Oumar Konaré, a suivi avec grande préoccupation les

dernières évolutions au Zimbabwe. Le Président de la Commission rappelle la nécessité de respecter scrupuleusement les droits humains et les principes démocratiques au Zimbabwe, conformément à l'Acte Constitutif de l'UA. Il appelle vivement toutes les parties concernées à entamer un dialogue sincère et constructif afin de résoudre les problèmes auxquels le Zimbabwe est confronté ».

À PROPOS DE FAHAMU

Fahamu (www.fahamu.org) a une vision d'un monde où les individus organisent pour s'émanciper contre toutes formes d'oppression, reconnaissent leurs responsabilités sociales, respectent la différence des uns des autres, et réalisent leur potentiel complet.

Fahamu soutient la lutte pour les droits humains et la justice sociale en Afrique à travers l'usage novateur des technologies de communication et d'information; stimulant les débats, discussions et analyses; distribuant des informations et nouvelles; développant des matériaux de formation et dirige des formations à distance. Fahamu se concentre sur l'Afrique, mais nous travaillons avec d'autres pour le soutien du mouvement mondial pour les droits humains et la justice sociale. Le mot «Fahamu» signifie la «compréhension» ou la «connaissance» en Kiswahili.

À PROPOS DU MONITEUR
DE L'UNION AFRICAINE

Le Moniteur de l'Union Africaine (www.aumonitor.org) vise à renforcer l'engagement de la société civile avec l'Union Africaine. Ceci est effectué par la provision d'information et d'analyse de haute qualité livrées dans les meilleurs délais dans l'intérêt de promouvoir la paix, la justice, l'égalité et l'obligation de rendre compte.

À PROPOS DE PAMBAZUKA NEWS

Pambazuka News est le bulletin pan-Africain et plateforme pour la justice sociale en Afrique, qui offre un reportage hebdomadaire compréhensif, un commentaire tranchant et une analyse approfondis sur la politique et les affaires courantes, le développement, les droits humains, les réfugiés, les questions du genre et la culture en Afrique. Pambazuka News est destiné à servir comme outil de transformation sociale progressive.

Publié par Fahamu, Pambazuka News est produit par une communauté de près de 300 écrivains et contributeurs – y compris des académiques, activistes, les organisations de femmes, les mouvements sociaux, les organisations de la société civile, les artistes, poètes, les «blogeurs» et observateurs sociaux.

Depuis sa formation dans l'an 2000, plus de 300 issues en Anglais et Français ont été publiées, représentant certains des plus importantes analyses des affaires courantes en Afrique.

Près de 40,000 articles, analyses et nouvelles ont été publiés et archivés pour l'accès gratuit sur une base de données en ligne, diffusés par courrier électronique et par fils d'actualités, reproduits sur plusieurs sites d'Internet et distribués en format imprimé dans plusieurs forums, y inclus les sommets de l'Union Africaine.

Pambazuka News a actuellement une audience de près d'un demi million de lecteurs.

Vous pouvez souscrire à Pambazuka News au site: www.pambazuka.org, ou nous écrire à l'adresse : editor@pambazuka.org, avec le mot "souscrire" dans la ligne de sujet.

INDEX

INDEX

droits des enfants 140–9
voir aussi Organisation de l'Unité
Africaine 85, 89, 99, 116, 141, 163, 168

VIH/SIDA 89, 140

Zimbabwe, et la Commission Africaine des
Droits de l'Homme et des Peuples 79, 83,
86–7, 161–9

www.ingramcontent.com/pod-product-compliance
Lightning Source LLC
Chambersburg PA
CBHW072237270326
41930CB00010B/2163